BEI GRIN MACHT SICH IHR WISSEN BEZAHLT

- Wir veröffentlichen Ihre Hausarbeit, Bachelor- und Masterarbeit

- Ihr eigenes eBook und Buch - weltweit in allen wichtigen Shops

- Verdienen Sie an jedem Verkauf

Jetzt bei www.GRIN.com hochladen und kostenlos publizieren

Entwickelt sich der Bitcoin zum wertvollsten Vermögenswert der Welt? Die Kryptowährung als Wertaufbewahrungsmittel

Bibliografische Information der Deutschen Nationalbibliothek:

Die Deutsche Nationalbibliothek verzeichnet diese Publikation in der Deutschen Nationalbibliografie; detaillierte bibliografische Daten sind im Internet über http://dnb.d-nb.de abrufbar.

ISBN: 9783346665591
Dieses Buch ist auch als E-Book erhältlich.

© GRIN Publishing GmbH
Nymphenburger Straße 86
80636 München

Druck und Bindung: Books on Demand GmbH, Norderstedt Germany
Gedruckt auf säurefreiem Papier aus verantwortungsvollen Quellen

Das Buch bei GRIN: https://www.grin.com/document/1216160

Bachelor-Arbeit

B.Sc. Betriebswirtschaft dual

Entwickelt sich der Bitcoin zum wertvollsten Vermögenswert der Welt?

Hochschule Mainz

University of Applied Sciences

Fachbereich Wirtschaft

Inhaltsverzeichnis

Abbildungsverzeichnis

1   Einleitung

1.1   Ausgangssituation

Die vorliegende Arbeit befasst sich mit dem Bitcoin, einer auf der Blockchain-Technologie basierenden Kryptowährung. Mit einer Marktkapitalisierung zum Zeitpunkt der Erstellung der Arbeit von über 1 Billion US-Dollar ist der Bitcoin nicht nur mit Abstand die größte Kryptowährung, sondern auch der zehntgrößte Vermögenswert der Welt (AssetMarketCap, 2021).

Am 31.Oktober 2008 veröffentlichte Satoshi Nakamoto ein Whitepaper, in dem er seine Erfindung des Bitcoin-Nerzwerkes präsentierte. Er stellte dar, welches Potenzial seine Idee besitze und dass der Bitcoin das bisherige Verständnis von Geld und Investments grundlegend verändern könne (vgl. Polleit, 2020).

Durch die Erfindung des Internets und der dadurch entstandenen Möglichkeiten konnten disruptive Innovationen und Unternehmen kreiert werden. So verdrängt beispielsweise der Onlinehandel immer mehr den Einzelhandel, da er durch günstigere Preise und einfache Zugriffsmöglichkeiten neue Wege bietet. Das Unternehmen Airbnb beispielsweise sorgt in der Vermietungsbranche von Immobilien für große Turbolenzen, da eine kurzzeitige (Unter-)Vermietung im Vergleich zur traditionellen Vermietung die entsprechenden Prozesse erheblich vereinfacht (vgl. Shabrina, 2019, S. 1-8). Als weiteres Beispiel sei Uber genannt, ein Unternehmen, das über die einfache Bedienung einer App Personenbeförderungsmonopole bei den Verkehrsmitteln angreift (vgl. Berger, 2018, S. 197-210).

Zu diesen Innovationen reiht sich auch der Bitcoin ein. Banken und Geldschöpfungsmonopole seitens der Zentralbanken verlieren hierdurch möglicherweise an Macht. Jedoch gibt es einen entscheidenden Unterschied zu den oben genannten Akteuren: Hinter dem Bitcoin steht kein Unternehmen. Er ist ein dezentralisiertes und digitales Protokoll, genannt Blockchain, welches von den voneinander unabhängigen Nutzern lebt (vgl. Nakamoto, 2008).

Das Phänomen des Bitcoins und seine immer weiter steigende Akzeptanz machen es zu einem heiß diskutierten Thema in den Medien weltweit. Die ursprünglichen Stigmatisierungen des Bitcoins, welche vergleichbar mit den Entwicklungen im Zusammenhang mit der Erfindung des Internets ist, wird durch aufklärende Berichterstattungen, besser ganzheitlich eingeordnet (vgl. Rooney, 2021). Dies macht das Thema Kryptowährungen insbesondere in wissenschaftlichen Debatten abwechslungsreicher und facettenreicher.

Durch die in dieser Arbeit veranschaulichten Eigenschaften des Bitcoins, wie beispielsweise die Knappheit und Dezentralität, eignet sich diese Kryptowährung nicht nur als Zahlungsmittel, sondern vielmehr als Wertaufbewahrungsmittel. Große Unternehmen wie MicroStrategy und Tesla akquirieren den Bitcoin bereits als Vermögenswert. MicroStrategy hat die Intention, sich vor geldpolitischen Maßnahmen der Zentralbanken, wie beispielsweise in Bezug auf die Geldmengeninflation, zu schützen. Vor diesem Einfluss wollen Sie Geldbestände nicht nur bewahren, sondern sogar steigern (vgl. Afshar, 2020). Das Handeln dieser großen börsenorientierten Unternehmen zeigt, dass der Bitcoin als mehr als nur eine Art Tauschmittel zu betrachten ist. Er hat möglicherweise das Potenzial durch steigende weltweite Akzeptanz, den früher gültigen, von Richard Nixon allerdings 1971 bis heute ausgesetzten Gold-Standard durch einen Bitcoin-Standard abzulösen (vgl. Heilpern, 2021, S. 4).

1.2   Forschungsfrage

Das Ziel dieser Arbeit ist die Beantwortung folgender Forschungsfrage: Entwickelt sich der Bitcoin zum wertvollsten Vermögenswert der Welt?

Die Bitcoin-Thematik wird in Kapitel 3 näher erläutert und dort auch als Investment bzw. als Vermögenswert verstanden (vgl. Hong 2017). Der Sinn von Vermögenswerten ist es nicht nur, die bereits vorhandene Kaufkraft zu erhalten, sie sollen vielmehr zu einer Wertsteigerung führen (vgl. Schneider, 1992, S. 24-26).

Eine Investition in Bitcoins führt zu keinem Cash-Flow, wie dies beispielsweise bei Dividenden-Aktien der Fall ist. Eine Wertsteigerung erfolgt ausschließlich über die Preisentwicklung, zu welcher der Bitcoin gehandelt wird. Seit der Erfindung des Bitcoins unterliegt dieser einer hohen preislichen Volatilität, im Positiven wie Negativen. Für einen Investor bedeutet dies, je nach Risikobereitschaft, hohe Vorteile, aber auch gewisse Nachteile. Es besteht also einerseits die Möglichkeit, sehr hohe Gewinne zu erzielen, gleichzeitig drohen aber auch große Verluste.

Die Preisentwicklung des Bitcoins liegt in unterschiedlichen Faktoren begründet. Wichtige Faktoren sind der Bestand und der Zuwachs an Bitcoins. Der Twitter-User, der unter dem Pseudonym Plan B bekannt geworden ist, adaptiert die Stock to Flow Ratio (zu Deutsch: Bestand-zu-Zuwachs-Verhältnis), welche von verschiedenen Metallen bekannt ist, auf den Bitcoin. So entwickelte er das unter seinem Namen bekannte Stock-to-Flow Model für den Bitcoin (vgl. Plan B,

2019) Dieses Modell zeigt den hypothetischen Preisverlauf des Bitcoins für die Zukunft, aber auch retrospektiv für die Vergangenheit an. Laut diesem Modell wird der Bitcoin zum wertvollsten Vermögenswert der Welt rangieren und damit Gold, welches zum Zeitpunkt der Erstellung dieser Arbeit eine Marktkapitalisierung von 11,7 Billionen US-Dollar hatte, im Januar 2025 einholen (AssetMarketCap, 2021). Eine detaillierte Ausführung des Stock-to-Flow Model wird in Kapitel 4 beschrieben.

In der empirischen Untersuchung ab Kapitel 5 wird das Stock-to-Flow Model von Plan B validiert und auf die Korrektheit seiner Prognosen in der Vergangenheit eingegangen werden. Des Weiteren sollen in der Analyse weitere Faktoren, wie die Geldmenge (M2) und die Geldumlaufgeschwindigkeit (M2V) aus den USA, in das Modell mit einfließen und damit eine Neumodellierung erfolgen. Die Idee um die Erweiterung des Stock-to-Flow Model, stammt von dem Twitter User All_things_btc, der auf einen Beitrag von Plan B auf Twitter reagierte (All_things_btc, 2021). Hierbei ist jedoch zu erwähnen, dass die Hinzunahme der Geldmenge (M2) und die Geldumlaufgeschwindigkeit (M2V) zur Ermittlung von Aktienkursen bereits geläufig ist. Anhand dieser empirischen Analyse soll geprüft werden, ob die Dimensionierung des Stock-to-Flow Model korrekt ist. Von diesem Ergebnis ausgehend soll die Forschungsfrage beurteilt werden, ob sich der Bitcoin zum wertvollsten Vermögenswert der Welt entwickeln wird.

1.3 Struktur der Arbeit

Die vorgelegte Arbeit ist insgesamt in fünf thematisch und systematisch aufeinander aufbauende Kapitel gegliedert. Nach der bereits erfolgten Beleuchtung der Ausgangssituation und der Darlegung der Forschungsfrage in Kapitel 1 wird im zweiten Kapitel Grundlegendes zu Kryptowährungen und zum technologischen Verständnis der Blockchain-Technologie erläutert. Die Kapitel 3 und 4 befassen sich explizit mit dem Bitcoin. Dabei geht es in Kapitel 3 zuerst um dessen Entstehungsgeschichte, um grundlegende Informationen und Eigenschaften sowie um den Vergleich mit anderen Kryptowährungen. Kapitel 4 widmet sich dann den Einflussfaktoren des Bitcoins. Hier wird der intrinsische Wert des Bitcoins näher betrachtet, aber auch auf externe Einflüsse eingegangen. Insbesondere wird der Einfluss von Medien und Nationen näher beschrieben. Mit dem empirischen Teil dieser Arbeit befasst sich Kapitel 5. Dabei werden Modelle validiert. Die entsprechenden Befunde sollen Aufschluss über die Forschungsfrage geben. Abschließend werden die Ergebnisse diskutiert und auf dessen Grundlage ein Ausblick auf mögliche zukünftige Forschungsfragen aufgezeigt. Abschließend wird in Kapitel 6 ein Fazit gezogen.

2 Grundlegendes zu Kryptowährungen und Blockchain Technologie

2.1 Einführung in Kryptowährungen

Seit den frühsten Tagen des Internets haben Computerspezialisten die Theorie formuliert, dass digitale Protokolle entwickelt werden könnten, welche ermöglichen sollen, digitales Geld auszutauschen. Der erste Ansatz war das von Dr. David Chaum im Jahre 1983 entwickelte eCash. Diese Entwicklung wurde von Banken kryptographisch signiert und konnte in jenen Geschäften, welche eCash akzeptierten, ausgegeben werden. Eine weitere Idee war das von dem Computeringenieur Wie Dai entwickelte B-Geld. Dieses sollte ein anonymes, verteiltes Bargeldsystem darstellen, bei dem jeder Teilnehmer eine separate Datenbank darüber verwaltet, wie viel Geld den Nutzern gehört (vgl. Chaum, 1992). Obwohl alle diese Ideen ähnliche Intentionen hatten, scheiterten die meisten frühen Versuche der Kryptowährungen an der Unfähigkeit, ihre Einheiten mit einem wirtschaftlichen Wert aufrechtzuerhalten.

Oft braucht es seine Zeit bis technologische Ideen an Reife und Akzeptanz gewinnen. Ein sehr gutes Beispiel dafür ist die Adaption des Internet. Dies wird in folgender Abbildung verdeutlicht.

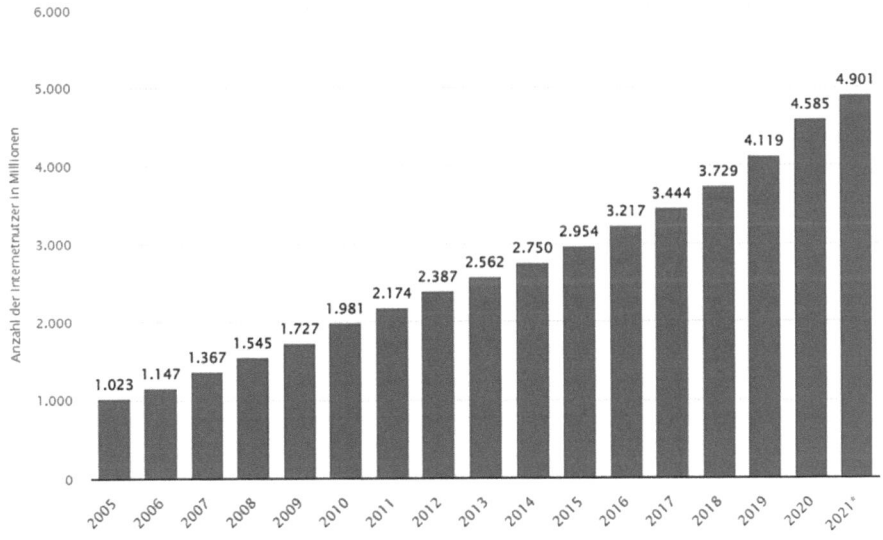

Abbildung 1: Anzahl der Internetnutzer (Statista, 2021)

Im Jahre 2005 lag die Anzahl der Internetnutzer bei ca. einer Milliarde und im Jahre 2021 bei ca. 5 Milliarden. Demnach kann gesagt werden, dass innerhalb dieses Zeitraumes die Anzahl der Internetnutzer ca. um den Faktor 5 gestiegen ist (Statista, 2021). Daraus könnte die Frage hergeleitet werden, wie sich in den nächsten 20 Jahren die Anzahl der Bitcoinnutzer entwickeln wird. Auf diese Frage wird jedoch nicht näher eingegangen.

Bis die Idee von elektronischen Geld Wirklichkeit wurde, brauchte es seine Zeit. Ein Blick in die Gegenwart zeigt, dass es eine Vielzahl von Technologien, wie zum Beispiel eCash gab und gibt, die behaupten, die ursprüngliche Idee von Kryptowährung erfüllt zu haben. Nichtsdestotrotz haben Kryptowährungen, als Klasse von digitalen Protokollen, viele Gemeinsamkeiten. Die meisten wurden aus der Notwendigkeit für mehr Privatsphäre geboren, um Dritte aus dem digitalen Austausch von Werten zu eliminieren (vgl. Jarvis, 2020, S. 20). Interessant ist, dass neben dem Bitcoin, der aktuell die bekannteste Kryptowährung darstellt, alle Kryptowährungen ähnliche Eigenschaften aufweisen. Sie sind von überall auf der Welt zu versenden und zu empfangen. Das macht sie grenzenlos. Zudem sind sie langlebig, da sie während der Nutzung nicht an Wert verlieren und immer wieder verwendet werden können. Damit ist gemeint, dass sie durch ihre digitale Form, im Gebrauch keine Verschleißspuren aufzeigen. Die Einheiten der Kryptowährungen können jedoch niemals zweimal ausgegeben und Transaktionen nicht rückgängig gemacht werden. Sie sind somit irreversibel. Jeder ist theoretisch dazu befähigt Kryptowährungen zu besitzen und sie in einer Wallet (zu Deutsch: digitale Brieftasche) aufzubewahren, ohne das private Informationen zur eigenen Person bereitgestellt werden müssen. Dadurch sind sie erlaubnislos. Kryptowährungen sind darüber hinaus anonym, da jegliche Transaktionen davon befreit sind, Informationen zur Identifizierung einer Person zu enthalten (vgl. Heilpern, 2021, S. 10).

2.1.1 Die Ursprünge der Kryptowährungen

Um ein volles Verständnis von modernen Kryptowährungen zu gewinnen, muss man tief in die Geschichte der Versuche, digitales Geld zu kreieren, eintauchen. Dies würde jedoch den Rahmen dieser Arbeit sprengen. So ist es an dieser Stelle am einfachsten, Kryptowährungen als „kombinatorische Erfindungen" zu betrachten. Dies sind Erfindungen, die eine neue Technologie schaffen, indem sie eine Kombination älterer, etablierter Erfindungen verwenden (vgl. Youn et al., 2015, Absatz 3). Jedoch liegt die Grundlage aller heutigen Kryptowährungen in der, im nächsten Abschnitt beschriebenen Kryptographie. Eine Technik zur sicheren privaten Kommunikation, bei der Informationen verschlüsselt werden.

2.1.2 Kryptographie

Das Fundament der Kryptographie ist die Erstellung von Codes und Ziffern. Damit sollen auf sichere Weise Informationen übertragen werden können. Schon im alten Ägypten wurden Schriften durch Symbole ersetzt. Darauf könnte die frühste Form der Kryptographie zurückzuführen sein. Mit der Zeit hat sich die Kryptographie stets weiterentwickelt und Iterationen unterzogen. Eine Methode im Mittelalter war es, Nachrichten mit zwei Alphabeten zu verschlüsseln. Um eine Nachricht dekodieren und somit lesen zu können, wurden vom Empfänger beide Alphabete benötigt (vgl. Kotzinger, 1994, S. 175-186). Auch während des Kriegs in den frühen 1900er Jahren, wurde Kryptographie von Spionagebehörden und dem Militär verwendet, um geheime Informationen zu teilen. Einer der bekanntesten und einflussreichsten Theoretiker der frühen Computerentwicklung war der Mathematiker und Krypto-Analytiker Alan Turing. Er baute während des zweiten Weltkriegs eine Maschine, um deutsche Nachrichten zu dekodieren. Dies verschaffte den Alliierten einen strategischen Vorteil im weiteren Kriegsverlauf (vgl. Cooper, 2013, S. 117).

Heute nutzen wir kryptographische Übertragungen insbesondere im Internet. Daten und Informationen werden dabei häufig mit privaten Schlüsseln signiert, welche mit digitalen Unterschriften zu vergleichen sind. Dies soll dafür sorgen, die Integrität und Authentizität in der Kommunikation zu schützen und diese unveränderlich zu machen. Auch in Krypto-Netzwerken, sogenannten Blockchains, wie in Abschnitt 2.2 näher beschrieben, werden kryptographische digitale Signaturen verwendet, um die Übertragung von Kryptowährungen zu ermöglichen.

2.1.3 Typen der Kryptowährungen

In einem Großteil der wissenschaftlichen Literatur zu Kryptowährungen wird von sogenannten Token gesprochen. Diese Token werden dort in ihrer Funktionalität beschrieben, welche grundlegend auf einem technischen Verständnis basiert, jedoch wenig Greifbarkeit für die tatsächlichen Anwendungsfälle hat. Viele Kryptowährungen haben sich in ihrer Funktionalität zudem stark weiterentwickelt und entsprechen dadurch nicht mehr dem Großteil der wissenschaftlichen Literatur der letzten Jahre. Hierin zeigt sich die Dynamik, mit welcher sich Kryptowährungen derzeit entwickeln. In diesem Abschnitt sollen die Typen der Kryptowährungen in ihrer Funktionalität anwendungsorientiert und somit verständnisvoll klassifiziert und beschrieben werden.

Die erste Klasse bilden Zahlungs-Kryptowährungen. Ihr Ziel ist es, allgemein mit Bargeld zu konkurrieren oder sich auf Zahlungen für explizite Anwendungsfälle in einer Branche zu fokussieren. Viele Menschen zählen den Bitcoin zu den Zahlungs-Kryptowährungen. Jedoch hat dieser aktuell noch den Nachteil, dass er durch seine hohe Volatilität und nicht ausreichender Akzeptanz, nur schwer als einheitliches und standardisiertes Zahlungsmittel agieren kann. Der Bitcoin entwickelt sich, wie schon zu Beginn dieser Arbeit beschrieben, immer mehr zu einem Vermögenswert. Durch diese Erkenntnis entsteht möglicherweise eine weitere Art von Kryptowährung, in die der Bitcoin klassifiziert werden kann (vgl. Gigi, 2020, S. 48).

Andere Zahlungs-Kryptowährungen versuchen den Bitcoin von seiner Skalierbarkeit und Transaktionsgeschwindigkeit zu verbessern. Ein Beispiel dafür sind Stablecoins. Sie zeichnet aus, dass sie über einen Algorithmus an traditionelle Währungen, wie zum Beispiel den US-Dollar gebunden sind und ihr Wert aus dem aktuellen US-Dollar-Kurs hervorgeht. Dies ermöglicht im Gebrauch von Zahlungen mehr Transparenz- und Effizienzvorteile (Coinbase, 2021).

Eine weitere Klasse sind die Infrastruktur-Kryptwährungen. Sie werden dafür verwendet, um Computer zu bezahlen, welche für die Ausführung von Programmen in einer Blockchain verantwortlich sind. Die bekannteste dieser Kryptowährungen ist Ethereum. Möchte man die Infrastruktur der Ethereum-Blockchain nutzen, um zum Beispiel dezentrale Anwendungen auszuführen oder zu erstellen, muss mit Ethereum bezahlt werden (vgl. Diedrich, 2016, S. 3).

Die nächste Klasse von Kryptowährungen sind Finanz-Kryptowährungen. Diese können dafür genutzt werden, um auf dezentralen Börsen, wie zum Beispiel Uniswap, andere Kryptowährungen zu verwalten oder auszutauschen. Zudem können sie dafür genutzt werden, an Crowdfunding zu partizipieren und in Kryptoprojekten frühzeitig zu investieren. Dieser Prozess wird auch Initial Digital Offering (IDO) genannt (vgl. Daian, 2019).

Darüber hinaus gibt es Service-Kryptowährungen. Diese bieten digitale Tools zur Verwaltung von Daten. Diese können persönlich, wie auch unternehmensbezogen sein. Ziel dieses Typs ist es beispielsweise Daten der realen Welt mit der digitalen Welt zu verknüpfen. Ein sehr gutes Beispiel dafür ist Dentacoin. Eine Kryptwährung, die sich auf die Gesundheitsbranche und explizit auf die Zahnmedizin fokussiert hat. Ihre Intention ist es, die zahnmedizinischen Behandlungen durch eine Reduzierung der Behandlungskosten zu verbessern (Dentacoin, 2020).

Zuletzt gibt es die Klasse der Kryptowährung für Medien und Unterhaltung. Ein Beispiel dieser Art ist der Media Licensing Token, von der deutschen Wissensmarke „Welt der Wunder", welche von Henrik Hey geführt wird. Der Media Licensing Token zielt darauf ab, einen offenen, neuen Marktplatz für alle professionellen und nicht-professionellen Anbieter und Käufer von Inhalten zu schaffen, welcher Broadcast, Blockchain und KI-Technologien umfasst. Dieser Typ von Kryptowährung wird dafür verwendet, um auf diesen Marktplätzen und digitalen Welten, die auch als Metaversen bezeichnet werden, bezahlen zu können (MILC, 2021).

2.2 Die Blockchain

2.2.1 Einführung in die Blockchain

In der Fachliteratur beschreibt der Begriff „Blockchain" ein öffentliches Aufzeichnungsnetzwerk oder auch digitales Protokoll. Dieses wird von einem untereinander unabhängigen Netzwerk aus Rechnern verwaltet, welche „Nodes" (zu Deutsch: Knoten) genannt werden. Diese „Nodes" stellen die Leistung zur Verfügung, um alle Aktualisierungen der Blockchain aufzuzeichnen. Dies geschieht mittels eines Konsensmechanismus und gilt als vertrauenswürdiger Datensatz. Der Konsensmechanismus, der Blockchain-Technologie gilt als größte Innovationsleistung unserer Zeit und bildet das Fundament der Kryptowährungen (vgl. Hosp, 2019, S. 32).

Die Konsensbildung in der Blockchain ist von elementarer Bedeutung, da die Nutzer des Netzwerkes in keiner Beziehung zueinanderstehen und sich unbekannt sind. Das Ziel ist es, eine dritte Partei als Intermediär zu eliminieren (vgl. Hosp, 2019, S. 33). Die Informationsübertragungen der Transaktionen in der Blockchain müssen nicht unbedingt etwas mit Kryptowährungen zu tun haben. Darauf wird in Abschnitt 2.2.3 näher eingegangen. Um den Ablauf einer Transaktion auf der Blockchain verständlich zu machen, wird im folgenden Absatz eine Transaktion der Kryptowährung Bitcoin näher erläutert.

Eine Transaktion des Bitcoins auf der Blockchain gestaltet sich ähnlich, wie eine Überweisung von Person X an Person Y. Der signifikante Unterschied besteht jedoch darin, dass keine Bank als Schnittstelle zwischen beiden Personen agiert. Die Transaktion findet dementsprechend dezentral statt. Sowohl Person X als auch Person Y benötigen beide eine Wallet, welche als digitale Brieftasche dient und anonym ist. Diese Wallet besteht aus zwei Komponenten: Einem Puplic-Key und einem Private-Key. Der Private-Key ist das Pendant zu einem Passwort, welches nicht weitergeben werden sollte. Er ist kryptographisch verschlüsselt und autorisiert den Zugang zur Wallet. Der Public-Key ist mit einer Kontonummer beziehungsweise einer Adresse zu vergleichen. Wenn beispielsweise Person X an Person Y einen Bitcoin senden möchte, unterschreibt sie eine Nachricht mit ihrem Private-Key und sendet diese an den Puplic-Key von Person Y. Den wahrheitsgemäßen Empfang und Besitz dieses gesendeten Bitcoins kann Person Y anschließend mit ihrem Private-Key bestätigen. Dabei ist es wichtig zu beachten, dass keine Institution Kontrolle über den Prozess der Transaktion auf der Blockchain von Person X an Person Y hat. Da der Bitcoin von keiner Entität gesteuert wird, gewährleistet ein Algorithmus die Sicherheit der Transaktion. Puplic- und Private-Key sind zwar elementare Bestandteile für die Sicherheit, jedoch müssen weitere Komponenten erfüllt sein, um die Nutzung auf der Blockchain so sicher, wie möglich zu gestalten. Dafür sind die Blöcke der Blockchain von hoher Bedeutung. Sie sind wie dezentral geführte Kontobücher zu verstehen, in denen, wie zuvor beschrieben, alle Transaktionen auf der Blockchain dokumentiert werden. Pro Block kann eine gewisse Anzahl an Transaktionen festgehalten werden, bevor ein nächster Block eröffnet wird. Ein neu generierter Block baut immer auf seinem vorangegangenen Block auf. Sie sind somit chronologisch aufgebaut. Die Kopfzeile dieser Blöcke besteht aus kryptographischen Verkettungen, die als Hashwerte beschrieben werden (vgl. Wittenberg, 2020, S. 15-18). Die Infrastruktur der Blockchain basiert, wie schon zu Beginn des Kapitels beschrieben, auf einem verteilten Netzwerk von Rechnern. Folgende Abbildung zeigt die Blockchain in seiner Theorie.

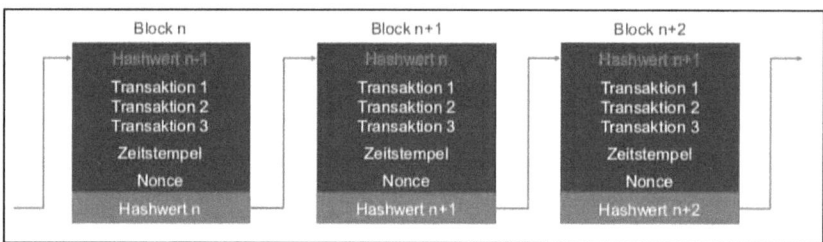

Abbildung 2: Struktur einer Blockchain (Fridgen et al. 2019, S. 32)

2.2.2 Konsensbildung durch Proof of Work

Der bekannteste Konsensmechanismus einer Blockchain ist Proof of Work (zu Deutsch: Arbeitsnachweis). Dieses wird, wie schon in Abschnitt 2.2.1 kurz skizziert, für den Bitcoin benötigt, um Transaktionen zu validieren. Dazu ist ein Netzwerk aus Rechnern notwendig, welche auch Miner genannt werden. Sie sind die für die Verifizierungen der Transaktionen auf der Blockchain verantwortlich, indem sie mittels eines Algorithmus durch das Bereitstellen von realer Rechenleistung eine Zahl erraten. Diese Zahl wird als Nonce bezeichnet. Nonce steht dabei für number used only once (zu Deutsch: Nummer wird nur einmal verwendet). Die Nonce kann nur durch Ausprobieren gefunden werden. Je höher die Rechenleistung eines Miners ist, desto mehr Energie kann er zum Finden der Nonce aufbringen. Somit kann man die Aussage treffen, mehr Energie impliziert ein schnelleres Finden der Nonce (vgl. Hosp, 2019, S. 58).

Für die Berechnung des Algorithmus und der damit notwendigen Bereitstellung von Rechenleistung, erhalten die Miner eine Belohnung in Form von Bitcoin. Diese Belohnung wird jedoch erst an den Miner ausgeschüttet, wenn er die richtige Nonce erraten hat. Erst dann darf nämlich ein neuer Block in der Blockchain angehangen werden. Mit der Erzeugung eines neuen Blocks, wird das „Kontobuch" in der Blockchain bei allen Minern aktualisiert. Den Minern steht es frei, mit wie viel Rechenleistung sie sich an dem Konsensmechanismus beteiligen möchten. Letztendlich ist es eine ökonomische Entscheidung in Form einer Nutzen-Kosten-Analyse. Defacto könnte sich jeder CPU-basierte Heimrechner an der Konsensbildung für die Bitcoin-Blockchain durch Proof of Work beteiligen. Dabei sollte man die Stromkosten den Einnahmen gegenüberstellen. Heutzutage reichen die einfachen Möglichkeiten eines Heimrechner nicht mehr aus, um im Wettbewerb mit den Minern mitzuhalten. Durch die lukrativen Belohnungen des Proof of Work, ist es für viele Miner Motivation, sich weiteres Mining-Equipment anzuschaffen. Mit diesem Equipment kann mehr Leistung erbracht werden und die Chancen auf Belohnungen werden erhöht. Allerdings setzt dies häufig auch weitere Stromkosten voraus. Daraus entstanden ist die Möglichkeit, sich an Mining-Pools zu beteiligen. Dabei wird die Rechenleistung mehrerer Miner gebündelt, um die Nonce schneller zu erraten. Die Belohnung wird anschließend durch alle Miner, je nach Gewichtung der zur Verfügung gestellten Rechenleistung, geteilt (vgl. Wittenberg, 2020, S. 50-54).

Mit der 51-Prozent-Attacke ist es theoretisch möglich, eine Blockchain zu manipulieren. Dazu müsste sich mehr als die Hälfte aller Rechenleistung zur Konsensbildung zusammentun, um falsche oder fehlerhafte Transaktionen zu validieren und der Blockchain dadurch falsche Kontoeinträge aufzuzwingen. Jedoch wächst die Anzahl an Minern immer weiter, was die Möglichkeit einer Manipulationsattacke beinahe unmöglich macht.

Mit der steigenden Anzahl an Minern, steigt auch der weltweite Energieverbrauch. Darauf wird in Kapitel 4 noch einmal näher eingegangen. Bereits hier sei aber kurz erwähnt, dass es auch energieschonende Konsensmechanismen als die des Bitcoins gibt. Eines davon ist das Konzept von Proof of Stake (zu Deutsch: geprüft durch Anteilsnachweise). Hier müssen beispielsweise Anteile einer Kryptowährung in der Blockchain hinterlegt werden, um neue Blöcke validieren zu können und somit Belohnungen in Form der jeweiligen Kryptowährung zu erhalten (vgl. Wittenberg, 2020, S. 55).

2.2.3 Anwendungsfälle der Blockchain

Wie schon in Abschnitt 2.2.1 erwähnt, existieren auch Blockchain-Anwendungsfälle jenseits von Kryptowährungen. Eine dieser Branchen, in der die Blockchains zum Einsatz kommen, sind Finanzdienstleistungen. Man versucht dabei, Finanzdienstleistungen effizienter abzuwickeln. Beispielsweise sollen Ineffizienzen im Kerngeschäft der Transaktionen oder Abrechnungen optimiert werden, um Kosten zu senken und die im allgemeinen veralteten Technologien in den Betrieben zu verbessern (vgl. Sander et al. 2020, S. 57-72).

Ein weiterer Anwendungsfall findet bereits in der Logistik statt. Dort wird versucht, Lieferketten effizienter zu gestalten. Der globale Handel und die dahinterstehende Logistik ist eine der größten Branchen der Welt. Waren und Dienstleistungen werden täglich in die ganze Welt verschickt. Am Transport sind meist mehrere Akteure in der Lieferkette beteiligt, die sich jeweils auf unterschiedliche IT-Systeme verlassen, um Transaktionen zu genehmigen und zu verarbeiten. Durch die Blockchain sollen Kosten gesenkt und potentiale Fehlerquellen beseitigt werden. Dies geschieht, indem die Barrieren, welche durch die Nutzung der unterschiedlichen IT-systeme entstehen, auf eine Blockchain reduziert werden (vgl. Sander et al. 2020, S. 136-138).

Auch für Aufzeichnungen jeglicher Informationen findet die Blockchain Anwendungsfälle. Ob in der Immobilienbranche oder in der Gesundheitsversorgung, Informationen und Daten werden häufig von zentralisierten Rechenzentren verwaltet. Dies produziert nicht nur zusätzliche Kosten und Risiken für die damit verbundenen Einheiten. Naturgemäß bedeutet dies auch, dass sie anfälliger für Sicherheitsverletzungen sind und der Zugriff kompliziert und teuer sein kann. Vor allem setzt die Datenverwaltung ein hohes Maß an Vertrauen voraus, dass diese nicht missbraucht werden. Um dieses seit langem bestehendem Problem zu lösen, setzt man große Hoffnung in die Blockchain. Die dabei eingesetzten Mechanismen sollen Informationen einfacher pflegen und mehr Kontrolle über die eigenen Daten ermöglichen (vgl. Sander et al. 2020, S. 190-194).

3 Bitcoin

3.1 Die Entstehung des Bitcoins

Am 31.10.2008 veröffentlichte Sataoshi Nakamoto erstmalig sein Whitepaper „Bitcoin: a Peer-to-Peer Electronic Cash System", indem er es an einen E-Mail-Verteiler sendete, unter welchem sich unter anderem Kryptographen, Mathematiker und IT-Interessierte gemeinsam austauschen (vgl. Nakamoto, 2009). Sataoshi Nakamotos tatsächliche Identität ist seither unbekannt und konnte trotz zahlreicher Spekulationen und Recherchen bis heute nicht geklärt werden (vgl. Qureshi, 2020). Schon damals beschreibt Satoshi Nakamoto einen wichtigen Beweggrund zur Entwicklung des Bitcoins. Das Kernproblem der konventionellen Währungen liegt im Vertrauen, welches benötigt wird, damit sie erfolgreich existieren können. Den Zentralbanken dieser Welt muss das Vertrauen geschenkt werden, dass sie Währungen nicht entwerten und Banken muss vertraut werden, dass sie die Einlagen ihrer Kunden nicht veruntreuen. Zudem werden bei allen Kontoeröffnungen private und sensible Informationen erstellt, welche an Dritte weitergegeben werden. Aufgrund dieser Aspekte und dem Versagen der Finanzsysteme, strebte Satoshi Nakamoto die Erfindung des Bitcoins an (vgl. Nakamoto, 2009). Die Vergangenheit zeigt viele Beispiele auf, in denen Zentralanken durch das „Drucken" von Geld, Währungen haben wertlos werden lassen. Ein gutes Beispiel dafür sind die Weimarer Republik, in der eine Hyperinflation den Zusammenbruch des Finanzsystems auslöste (vgl. Roche, 2011, S. 4) oder die US Subprime Blase, die 2008 zur weltweiten Finanzkrise führte. Durch die resultierende Zahlungsnot der Staaten, wurde deutlich, wie fragil die Banken und das gesamte Finanzsystem ist und wie stark die Auswirkungen auch auf die Vermögen der Unternehmen und Privatpersonen Einfluss nehmen (vgl. Feldkircher, 2014, S. 19-49).

Am 03.01.2009 wurde das erste Bitcoin-Netzwerk gestartet und das erste dezentrale Zahlungssystem erwachte zum Leben. Als erstes alternatives Zahlungsnetzwerk konnten elektronische Werte über das Internet übertragen werden, ohne dass eine zentralisierte Institution die Transaktionen überwachen musste. Im aller ersten Block der Blockchain des Bitcoins, hinterließ Satoshi Nakamoto eine Zeichenfolge, die als Zeitstempel und Beweis zur Entstehung des Bitcoins dient und dieses für die Ewigkeit sichtbar macht. Darin steht: „The Times 03/Jan/2009 Chancellor on brink of second bailout for banks". Dies ist eine direkte Kopie der Schlagzeile der Zeitung „The Times" (vgl. Whittemore, 2022).

3.2 Die Charakteristiken des Bitcoins

Verschiedene Kerncharakteristiken geben dem Bitcoin seine Einzigartigkeit. Die wohl bekannteste ist, dass die Gesamtauflage von Bitcoins maximal 21 Millionen Stück betragen wird. Zum Zeitpunkt der Erstellung dieser Arbeit existieren bereits 18,9 Millionen Bitcoins (CoinGecko, 2021). Jedoch wird erst im Jahre 2140 die maximale Anzahl an Bitcoins, wie schon in Abschnitt 2.2.2 beschrieben, durch das Minen von Bitcoins komplettiert (vgl. Nakamoto, 2008). Auch zeichnet den Bitcoin die eindeutig definierte Geldpolitik aus, in der sich zeigt, dass es sich im Gegensatz zu Fiat-Währungen, die von einer zentralen Behörde kontrolliert werden, um eine dezentralisierte Währung handelt (vgl. BitcoinWiki, 2020). Zentralbanken haben beispielsweise die Möglichkeit, nach Belieben neues Geld auszugeben. Der Europäischen Zentralbank zufolge sind sie aufgrund ihrer Fähigkeit zur Geldschöpfung vor Insolvenz geschützt und können daher mit negativem Eigenkapital arbeiten (vgl. Bunea, 2016, S. 15-19). Die bereits in Abschnitt 3.1 erwähnte Finanzkrise 2008 konnte nur mit Hilfe quantitativer Lockerungen der US-Notenbank bewältigt werden. Hier wird die enorme Kontrolle, die die Zentralbanken in Bezug auf die Geldpolitik haben, deutlich. Der Bitcoin unterscheidet sich von traditionellen Fiat-Währungen durch sein begrenztes Angebot. Wie schon in Abschnitt 2.2.2 beschrieben, besteht zwischen dem Bitcoin-Mining und dem Abbau von Gold ein ähnlicher Zusammenhang. Gold wird in physischer Form geschürft, der Bitcoin in digitaler Form. Aus diesem Grund wird er auch als „digitales Gold" bezeichnet (vgl. Kho et al. 2021, S. 11).

Eine weitere wichtige Kerncharakteristik ist das erlaubnisfreie Peer-to-Peer-System. Angenommen Person X möchte an Person Y 1.000 US-Dollar senden. Auf traditionellem Weg müsste sich Person X nicht nur auf die eigene Bank und die von Person Y verlassen, sondern auch auf eine Reihe von Zwischenhändlern und dritten Finanzinstituten und Dienstleistern, die von den Anforderungen der Banken abhängen. Jedes der Unternehmen kann eine Gebühr verlangen, welche die Transaktion teurer macht. Außerdem gibt es verschiedene staatliche Gesetze für Geldüberweisungen, die beachtet werden müssen. Dies macht den Prozess des Geldversands häufig ineffizient und zu bürokratisch (vgl. Kho et al. 2021, S. 13-14). Nehmen wir das Beispiel an, Person X ist US-Bürger, Person Y Iraner. Die gewünschte Transaktion wird aufgrund internationaler Sanktionsgesetze nicht stattfinden, denn selbst eine Transaktion vor Ort kann von Regierungen willkürlich annulliert werden oder das Geld sogar beschlagnahmt werden (vgl. BBC News, 2020). Im Juli 2020 verabschiedete Hongkong ein Gesetz, welches es der Regierung erlaubt, Bankkonten und Vermögenswerte von Personen einzufrieren, die als „Gefährdung der nationalen Sicherheit" eingestuft werden (vgl. Ho, 2020). Diese Drohung könnte als Instrument zur Unterdrückung der Meinungsfreiheit der Bevölkerung inmitten der anhaltenden politischen Unruhen dienen. Bei der Verwendung von Bitcoin werden Vermittler, wie Banken oder Zahlungsabwickler, nicht mehr benötigt, um Transaktionen zu überwachen. Über das Bitcoin-Netzwerk überträgt Person X den gewünschten Wert der Transaktion direkt an Person Y, ohne dass jemand eine Genehmigung erteilt. Dies wird auch als „Peer-to-Peer" bezeichnet. Der Wegfall von Mittelsmännern ist tiefgreifend, da die potenziellen Probleme im Zusammenhang mit zentralen Behörden und Dritten umgangen werden. Indem Dritte von der Wertübertragung ausgeschlossen werden, haben diese keine Autorität mehr, in finanziellen Transaktionen einzugreifen (vgl. Kho et al. 2021, S. 13-14). Schon in der Vergangenheit haben sich viele Kunden beschwert, dass Unternehmen wie beispielsweise PayPal, die Konten von Nutzern aus unterschiedlichen Gründen einfrieren (vgl. PayPal, 2018). Bitcoin ermöglicht die volle Kontrolle über das eigene Vermögen, ohne dass weiteren Institutionen vertraut, beziehungsweise deren Erlaubnis eingeholt werden muss. Man kann direkt in den Werttransfer und die Wirtschaftstätigkeit eintreten.

Die dritte Kerncharakteristik ist das Open-Source, ein transparentes und dezentrales Hauptbuch des Bitcoins. Das Bitcoin-Protokoll, der Code, der die Blockchain antreibt, wird unter einer MIT-Lizenz veröffentlicht, die allgemein als Open-Source-Software bekannt ist (vgl. KuroGuo, 2010). Dies bedeutet, dass der Code für jedermann einsehbar, kopierbar und verbesserungsfähig ist (vgl. Opensource, 2020). Jedem steht es frei, Verbesserungen an dem Bitcoin vorzuschlagen. Das Bitcoin-Hauptbuch ist global verteilt. Es ist dezentralisiert und keine einzelne Einheit ist in der Lage, die in der Blockchain enthaltenen Daten zu verfälschen oder zu manipulieren. Jeder, der versucht, die Daten zu manipulieren, wird sofort erkannt, da seine Daten nicht mit denen des Hauptbuchs übereinstimmen. Das bedeutet im Umkehrschluss, dass niemand Bitcoin vollständig besitzt oder kontrolliert. Keine Instanz, nicht einmal Regierungen, könnten die Existenz des Bitcoins auslöschen (vgl. Lopp, 2021).

Weitere Kerncharakteristiken des Bitcoins sind Fungibilität, Langlebigkeit, Portabilität und Teilbarkeit. Fungibilität bezeichnet die Eigenschaft gegenseitig austauschbar zu sein. Dabei muss die gleiche Gattung und Menge beibehalten werden. Der Bitcoin ist deshalb fungibel, da er durch jeden anderen Bitcoin ersetzt werden kann. Außerdem ist der Bitcoin sehr langlebig, da er im Gegensatz zu Fiat-Währungen physisch nicht zerstört werden kann. Solange der Privat-Key sicher aufbewahrt wird, hat man immer sicheren Zugriff auf die eigenen Bitcoins. Da der Bitcoin in digitaler Form existiert, ist er portabel. De facto kann das gesamte Vermögen an jeden Ort der

Welt mitgenommen werden. Dies ist beispielsweise für Menschen von großer Bedeutung, die in Ländern ohne stabile Regierung leben. Bei Umzug oder Flucht geht ihr Vermögen nicht verloren. Zudem ist der Bitcoin bis auf 8 Dezimalstellen teilbar. Die kleinste Einheit für den Bitcoin ist somit 0,00000001 Bitcoin, auch bekannt als Satoshi. Dieser Name ist eine Hommage an Satoshi Nakamoto. Dadurch muss man nicht zwingend einen ganzen Bitcoin besitzen, um diesen zu verwenden. Stattdessen können auch kleine Bruchteile von Bitcoin versendet werden, um Waren und Dienstleistungen zu bezahlen (vgl. Heilpern, 2021, S. 26-38).

3.3 Bitcoin im Vergleich zu anderen Vermögenswerten der Welt

In der Fachliteratur wird ein Vermögenswert dahingehend beschrieben, dass es eine Ressource ist, die eine Person oder eine Organisation in der Erwartung künftiger Wertsteigerungen besitzt oder auch kontrolliert. Traditionelle Vermögenswerte sind in der Form von Aktien, Anleihen oder Zertifikaten bekannt. Aber auch Edelmetalle, wie beispielsweise Gold und Silber gehören dazu. Ob der Bitcoin tatsächlich ein Vermögenswert ist oder mehr als Zahlungsmittel dient, ist aktuell noch schwierig einzugrenzen. Jedoch entschließen sich immer mehr Investoren und Unternehmen dazu, geprägt vom Negativzinsumfeld und Verwahrgebühren, ihre Geldbestände in Bitcoin umzuschichten. Er soll ähnlich wie Gold als sicherer Wertspeicher in Krisenzeiten dienen (vgl. Henriques & Sadorsky, 2018, S. 48). Die Tatsache, dass der Bitcoin als Investment und zur langfristigen Aufbewahrung angesehen wird, bestätigen auch Baur et al. durch ihre Analyse. Sie zeigen auf, dass ein Drittel der Bitcoin von Investoren gehalten werden, die nur auf ihre Wallets einzahlen aber keine Transaktionen aus den Wallets heraus vornehmen (vgl. Bauer et al. 2018, S. 177-189). Dies spricht gegen den Anwendungsfall, den Bitcoin als Zahlungsmittel zu nutzen.

Setzt man den Bitcoin in den direkten Vergleich zu Gold, weist dieser bessere Eigenschaften als Wertspeicher auf. Dies macht vor allem die Eigenschaft der Begrenztheit beider Güter deutlich. Bitcoin wird mit mathematischer Sicherheit nur in einer begrenzten Menge existieren. Gold dahingegen, könnte sogar theoretisch im Weltraum gefördert werden und ist dadurch unendlich förderbar (vgl. Goldreporter, 2019). Zudem ist es schwieriger Goldbestände von einem Ort zu einem anderen zu bringen. Hingegen kann der Bitcoin nur mit einem Smartphone theoretisch an jeden Ort der Welt transferiert werden. Räumlich und zeitlich ist der Bitcoin somit dem Gold voraus.

Shahzad et al. führten die Analyse durch, ob der Bitcoin tatsächlich als sicherer Wertspeicher für die Aktienmärkte der G7 Staaten (Kanada, Frankreich, Deutschland, Italien, Japan, England und

Vereinigte Staaten von Amerika) fungieren kann. Sie vergleichen dafür die Eigenschaften von Bitcoin mit denen von Gold anhand der Preisbewegungen von 2010 bis 2018. Sie kamen zu dem Ergebnis, dass Bitcoin und Gold jeweils für unterschiedliche Märkte die Möglichkeit zur Absicherung gegen fallende Kurse bieten, wobei Gold stärkere Absicherungsfähigkeiten aufweist (vgl. Shahzad, 2019, S. 322-330). Obwohl der Bitcoin bessere Eigenschaften als Gold darstellt, könnte dies auf die geringen Nutzerzahlen des Bitcoins zurückzuführen sein. Jedoch wird dies in dieser Arbeit nicht näher analysiert.

Betrachtet man die Rangliste der Wertvollsten Vermögenswerte der Welt nach ihrer Marktkapitalisierung, welche sich aus Unternehmen, Edelmetallen, Kryptowährungen und ETFs zusammensetzen, ist Gold mit Abstand der wertvollste Vermögenswert der Welt. Zum Zeitpunkt der Erstellung dieser Arbeit beträgt die Marktkapitalisierung von Gold 11,5 Billionen US-Dollar. Auf Platz zwei und drei befinden sich zwei Tech-Unternehmen. Apple mit einer Marktkapitalisierung von 2,8 Billionen US-Dollar und Microsoft mit 2,3 Billionen US-Dollar. Auf Platz zehn befindet sich mit einer Marktkapitalisierung von 1 Billion US-Dollar der Bitcoin. Gefolgt von dem Elektroautomobilkonzern Tesla, mit 950 Milliarden US-Dollar. Die nächstgrößte Kryptowährung nach dem Bitcoin ist mit einer Marktkapitalisierung von 550 Milliarden US-Dollar Ethereum, noch vor den Finanzunternehmen Visa und JPMorgan Chase mit jeweils 500 Milliarden US-Dollar (AssetMarketCap, 2021).

Der Vergleich des Bitcoins zu anderen Vermögenswerten und die verdeutlichten Umstände in diesem Abschnitt, bestätigen die Einordnung des Bitcoins als Vermögenswert.

4 Einflussfaktoren auf den Preis des Bitcoins

4.1 Intrinsischer Wert

Die aktuelle Sichtweise auf den Bitcoin ist geprägt von Vergleichen mit einer „Bubble". Erinnert man sich an die Dotcom-Blase im Jahre 2000, sind dabei viele Parallelen zu erkennen. So untersuchte Kristoufek im Jahre 2013 die Google-Suchanfragen und Wikipedia-Aufrufe zum Begriff Bitcoin. In seiner Untersuchung kam er zu dem Ergebnis, dass der Bitcoin durch pure Spekulation getrieben wird und ein Gut ist, dass keine fundamentalen Werte besitzt. Er schlussfolgert die typischen Anzeichen einer Blase, die durch bloße Investitionen auf enorme Profiterwartungen angetrieben wird (vgl, Kristoufek, 2013, S. 3409-3415). Dass der Bitcoin das Verhalten einer Blase aufzeigt und von Trendjägern bei höheren Preisen nachgefragt wird, erkennen auch Buoiyour et al. in einer Untersuchung, jedoch heben sie im Vergleich zu Kristoufek einen wesentlichen Unterschied hervor, indem sie sich auf folgende Aussage von Satoshi Nakamoto beziehen: „In diesem Sinne ist es eher typisch für ein Edelmetall. Anstatt dass sich das Angebot ändert, um den der Wert gleichbleibt, ist das Angebot vorgegeben und der Wert ändert sich. Wenn die Zahl der Nutzer wächst, steigt der Wert pro Münze. Es besteht das Potenzial für eine positive Rückkopplungsschleife. Wenn die Zahl der Nutzer steigt, erhöht sich auch der Wert, was wiederum mehr Nutzer anziehen könnte, die den Vorteil des steigenden Wertes entdecken." (Nakamoto, 2008) Sie erkennen somit, dass scheinbar fundamentale Faktoren existieren, die den Wert des Bitcoins beeinflussen (vgl. Bouoiyour et al. 2016, S. 843-850).

Es gibt verschiedene Ansätze für die Definition eines intrinsischen Wertes. Beispielsweise soll der intrinsische Wert den wahren Wert eines Gutes widerspiegeln. In der Praxis geschieht dies mit einer objektiven Berechnung. Um zu erkennen, ob ein Unternehmen und deren Aktien über- oder unterbewertet ist, wird beispielsweise der zukünftige Cash-Flow auf den Gegenwartswert diskontiert. Dies ist jedoch beim Bitcoin nicht möglich, da dieser keinen Cash-Flow generiert (vgl. Investopedia, 2021). Der US-amerikanische Ökonom und Bitcoin-Skeptiker Peter Schiff, macht sich dieses Argument meist zu nutzen und spricht dem Bitcoin jeglichen intrinsischen Wert ab (vgl. Platon, 2020). Eine weitere Definition des intrinsischen Wertes ist, dass der Wert eines Gutes durch die Bewertung eines Investors zugeschrieben wird (vgl. Staff, 2005). Oder auch den Wert abbildet, den das Gut aus seinem Nutzen und der eigenen Existenz aufweist (vgl. Zimmermann und Bradly, 2002).

Durch die in Abschnitt 3.3 beschriebenen Kerncharakteristiken und den letzten beiden genannten Definitionen der Bewertung eines intrinsischen Wertes, kann behauptet werden, dass der Bitcoin einen inhärenten Nutzen hat und dieser auch bepreist werden kann. Dabei ist zu beachten, dass der intrinsische Wert des Bitcoins, zum Zeitpunkt der Erstellung dieser Arbeit, nicht dem aktuellen Preis pro Bitcoin entsprechen muss.

Insbesondere deutsche Anleger schätzen die Dezentralität, die Einfachheit der Handhabung und die Transaktionsgeschwindigkeit des Bitcoins (vgl. Schmidt et al. 2016, S. 48-62). Dies deutet auf die Nützlichkeit des Bitcoins hin, was wiederum dem Argument zur Steigerung des intrinsischen Werts mehr Gewichtung gibt. Auch Mattke et al. untersuchten Beweggründe für die Investition in den Bitcoin. Sie fanden heraus, dass die Ideologie des Bitcoins und die Angst eine Revolution zu verpassen und Reue zu verspüren, große Motivatoren sind, Bitcoins zu kaufen (vgl. Mattke et al. 2020, S. 9). Speziell die Knappheit und das begrenzte Angebot von nur 21 Millionen Bitcoin, ist laut Experten, der wahrscheinlich größte Einflussfaktor des intrinsischen Wertes des Bitcoins (vgl. Schneider, 2021). Dies wird in Abschnitt 4.3 noch einmal näher erläutert.

4.2 Externe Einflüsse durch FUD und Nationen

Durch Medien aller Art, ob Social Media, Print Zeitungen oder auch das Fernsehen, werden Nachrichten zu unterschiedlichsten Themen geteilt. So auch vieles rund um das Thema Bitcoin. Es ist bekannt, dass geschickte Formulierung der Überschriften von Artikeln oder Beiträgen gewählt werden, um die Aufmerksamkeit der Leser zu gewinnen. Ob dieses Vorgehen falsch oder richtig ist, kann in dieser Arbeit nicht bewertet werden. Letztendlich geht es darum, ein Thema kurz und bündig in eine Überschrift zu packen. Auch spielt es eine große Rolle, mit welchem Wissensstand der jeweilige Redakteur ein beliebiges Thema einordnet.

In der Vergangenheit wurde schon immer gezielt für diverse Themen FUD betrieben. FUD setzt sich aus den Wörtern, Fear, Uncertainty und Doubt (zu Deutsch: Angst, Ungewissheit und Zweifel) zusammen. FUD ist eine Methode aus der Kommunikationsstrategie, mit der bewusst falsche Wahrheiten kommuniziert werden oder Themen in einem völlig falschen Zusammenhang dargestellt werden. Intention ist es, die wahren Werte eines bestimmten Themas zu schädigen oder sehr kritisch darzustellen (Wechner, 2014). So schrieb beispielsweise der Reporter Tom Abate einen Artikel in der Tageszeitung „San Franisco Examier", dass das Internet wegen unfairen Wettbewerbes gegenüber der Telefonindustrie, gebannt werden sollte (vgl. Abate, 1996). Die Intention der Telefonindustrie war es damals, die Ausbreitung des Internets zu verhindern.

Dies ist ihnen trotz zahlreicher Versuche von FUD nicht gelungen. Auch zum Bitcoin gibt es unzählige FUD Versuche. So hat beispielsweise China über ein Dutzend Mal in den letzten 12 Jahren versucht, gezielt FUD zu betreiben. Vermutungen zufolge tat China dies, da sie ihre eigene Landeswährung in Gefahr sahen. So wurden beispielsweise 2016 gezielt Fake News verbreitet, dass Chinas Zentralbank mit sofortiger Wirkung alle Bitcoin-Transaktion unterbindet und alle Krypto-Börsen im Land schließen wird. Diese Meldung ging jährlich über die Grenzen Chinas hinaus und verteilte sich auf der ganzen Welt, bis China im Mai 2021 den Bitcoin endgültig bannte (vgl. Wright, 2021). Jeder FUD Versuch aus China hatte nachweislichen Einfluss auf den Wert des Bitcoins und führte zu Preisrücksetzer von bis zu 65%. Der Preis des Bitcoins erholte sich jedoch meist innerhalb mehrerer Wochen und erreichte anschließend neue Allzeithochs (CoinGecko, 2022). Dies beweist, dass der FUD aus China direkten Einfluss auf den Wert des Bitcoins hatte.

Ein stark diskutiertes Thema ist der hohe Energieverbrauch des Bitcoins. Im folgenden Abschnitt dieser Arbeit wird der hohe Energieverbrauch des Bitcoins mit anderen Industrien verglichen und ganzheitlich eingeordnet. Nicht beantwortet werden kann, ob der Energieverbrauch des Bitcoins es wert ist, den Bitcoin zu nutzen. Was damit gemeint ist, soll an folgendem einfachen Beispiel kurz erklärt werden. Wäschetrockner haben nach dem Institut für angewandte Ökologie nachweislich einen hohen Energieverbrauch, ganz gleich welcher Energieeffizienzklasse sie angehören (Öko-Institut, 2012). Würde jeder Haushalt seine Wäsche an der Luft trocknen, könnte man die gesamte Energie der Wäschetrockner einsparen und somit weniger Emissionen ausstoßen. Es stellt sich also eine Wertefrage, die über die Aufrechterhaltung und die weitere Nutzung entscheidet.

Zum Zeitpunkt der Erstellung dieser Arbeit, weist der Energieverbrauch des Bitcoins 79 Terawattstunden pro Jahr auf. Die Kohlenstoffintensität, also der Emissionsausstoß des Bitcoin-Netzwerks, beträgt in etwa 280 Gramm CO_2 pro Kilowattstunde (vgl. McCook, 2021). Abbildung 3 setzt den Energieverbrauch in Vergleich zu anderen Industrien.

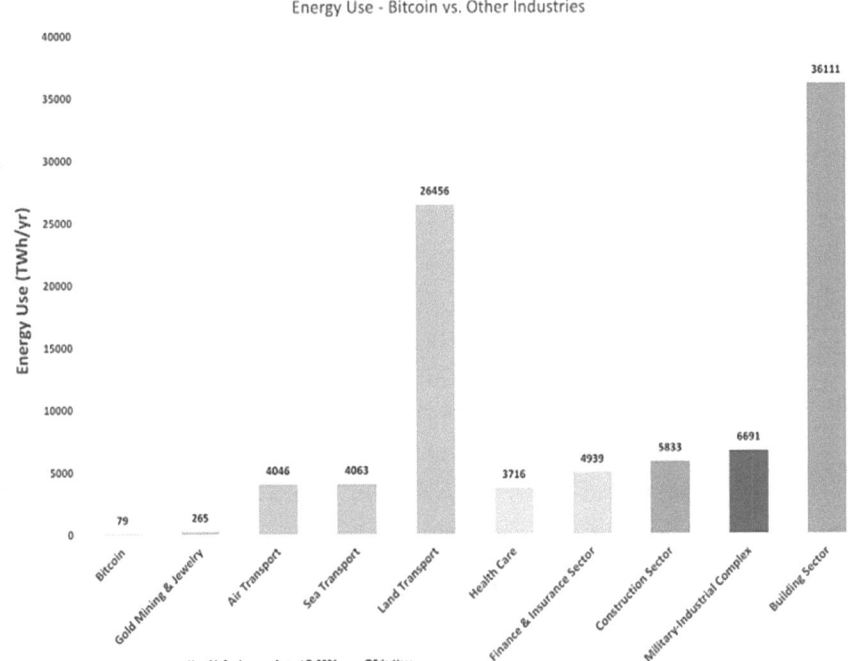

Abbildung 3: Energy Use - Bitcoin vs. Other Industries (McCook, 2021)

Die Y-Achse des Diagramms, stellt den Energieverbrauch in Terawattstunden pro Jahr dar. Auf der X-Achse wurden die jeweiligen Industrien gelistet. Deutlich sticht der Immobiliensektor mit 36111 Terawattstunden pro Jahr hervor. Das sind über 457-mal mehr Terawattstunden pro Jahr als der Bitcoin verbraucht. Vergleichbare Industrien, wie die Finanzindustrie mit 4939 Terawattstunden pro Jahr und die Gold- und Schmuckindustrie mit 265 Terawattstunden pro Jahr, weisen auch einen wesentlich höheren Energieverbrauche pro Jahr als der Bitcoin auf. Vergleicht man den Emissionsausstoß der Industrien, beträgt der Anteil des Bitcoins gerade einmal 1,6 % des Gesamtanteils der Finanzindustrie. Im Vergleich zur Gold- und Schmuckindustrie, liegt der Anteil der erzeugten Emissionen des Bitcoins bei 5%. Dieser Gesamtvergleich weist einen wesentlich geringfügigeren Energieverbrauch und Emissionsausstoß des Bitcoins zu anderen Industrien auf (vgl. McCook, 2021).

Das Umweltbundesamt vermeldet für den deutschen Staat einen Gesamtstromverbrauch von 559 Terawattstunden pro Jahr (Umweltbundesamt, 2022). Somit kann die Aussage getroffen werden, dass der Stromverbrauch des Bitcoins, 14,13% des gesamten Deutschen Stromverbrauchs entsprechen würde. Ob dies und der daraus resultierende Emissionsausstoß hoch oder gering ist, hängt von den Vergleichsparametern ab und ist letztendlich eine Wertefrage. Dennoch wird in den Medien, wie beispielsweiße der Tagesschau, Bitcoin als Umweltsünder und Stromfresser dargestellt (ARD, 2021). Dies suggeriert Zweifel und Ungewissheit gegenüber dem Bitcoin und nimmt damit, wenn auch in keinen offiziellen Studien bisher belegt, Einfluss auf den Preis des Bitcoins.

Die Nation El Salvador, welche den Bitcoin als zusätzliche offizielle nationale Währung anerkennt, macht sich die Diskussion um den Energieverbrauch zu nutzen und wirbt mit einem emissionslosen Ausstoß des Bitcoin-Mining in ihrem Land (vgl. Schneider, 2021). Die Bitcoin-Miner sollen mit Vulkanenergie angetrieben werden. Dies mindert zwar nicht den Stromverbrauch, jedoch reduziert es den Emissionsausstoß erheblich. Obwohl die Nutzerzahl des Bitcoin-Netzwerks stetig steigt, was einen erhöhten Stromverbrauch impliziert, wird nach umweltschonenden Lösungen gesucht. So gibt es Ansätze und Berechnungen, mit denen das Bitcoin-Netzwerk ohne Emissionen betrieben werden könnte.

Seit der Einführung des Bitcoins als Währung im Land El Salvador und der Verkündung weitere Nationen es El Salvador gleich zu tun, ist der Preis des Bitcoins, bis zum Zeitpunkt der Erstellung dieser Arbeit, angestiegen (CoinGecko, 2022). Ob der steigende Wert auf diese Ankündigungen zurückzuführen ist, kann in dieser Arbeit nicht bestätigt werden.

4.3 Knappheit und Stock to Flow

Knappheit wird üblicherweise mit dem „Mangel" an etwas definiert. Szabo assoziiert den Begriff Knappheit darüber hinaus mit einem unfälschbaren Kostenaufwand: „Was haben Antiquitäten, Zeit und Gold gemeinsam? Sie sind teuer, entweder durch ihre Anfangskosten oder durch die Einzigartigkeit ihrer Geschichte. Dabei ist es schwer diesen Kostenaufwand zu fälschen. […] Es gibt einige Probleme diesen „unfälschbaren Kostenaufwand" in einem Computer zu implementieren. Wenn diese Hürde überwunden werden kann, dann können wir digitales Gold erschaffen." (Szabo, 2008) Genau diesen unfälschbaren Kostenaufwand besitzt der Bitcoin und darin liegt ein fundamentaler Unterschied zu Fiat-Währungen.

Ammous beschreibt die Knappheit eines Gutes durch die Stock to Flow Ratio und verdeutlicht weshalb sich der Wert von Gold und Bitcoin aus diesem Verhältnis bildet. Die Stock to Flow Ratio berechnet sich aus den Beständen und Zuwächsen eines Gutes. Ammous weist auf den durchgehend niedrigen Zuwachs an Gold hin, worin ein fundamentaler Grund liegt, dass Gold seine monetäre Rolle durch die Menschheitsgeschichte aufrechterhalten konnte. Er sagt weiterhin, dass die hohe Stock to Flow Ratio, Gold zu dem Gut macht, das die geringste angebotsabhängige Preiselastizität hat. Dies setzt er in den direkten Vergleich zum Bitcoin und behauptete, dass im Jahr 2017 die Bitcoinbestände rund 25-mal größer waren, als alle neu produzierten Bitcoins desselben Jahres. Erstaunlich ist, dass dies immer noch unter der Hälfte im Verhältnis zu Gold liegt. Seine Prognosen gehen jedoch dahin, dass im Jahr 2022 die Stock to Flow Ratio des Goldes von der des Bitcoins übertroffen wird. Aufschluss darauf geben die Halving-Zyklen des Bitcoins (vgl. Ammous, 2018, S. 23-34). Wie schon in Abschnitt 2.2.2 beschrieben, werden auf der Bitcoin-Blockchain Blöcke erstellt, in denen die Netzwerktransaktionen durch die Validierung der Miner festgehalten werden. Für die erfolgreiche Berechnung eines Blocks, erhalten die Miner Belohnungen in Form von Bitcoins. Alle 210.000 Blöcke, halbiert sich die Anzahl an Bitcoins, welche die Miner zur Berechnung eines Blocks erhalten. Während es in der ersten Halving-Periode Anfang des Jahres 2009 bis Ende des Jahres 2012 noch 50 Bitcoin Belohnung waren, beträgt das Angebotswachstum pro Block aktuell nur noch 6,25 Bitcoin. Diese Programmierung ist in den Quellcode der Bitcoin-Blockchain implementiert (Nakamoto, 2009).

Der Twitter User, welcher unter dem Pseudonym Plan B bekannt ist, adaptiert die Stock to Flow Ratio und stellte die Hypothese auf, dass diese direkten Einfluss auf den Wert des Bitcoins hat (vgl. Plan B, 2019). Dazu entwickelte er das Stock-to-Flow Model für den Bitcoin, welches im empirischen Teil dieser Arbeit validiert wird. Die untenstehende erste Version des Stock-to-Flow

Model als Grafik, zeigt in dem schwarzen Graphen den Preis des Bitcoins basierend auf der Stock to Flow Ratio und den tatsächlichen Preis des Bitcoins in farbigen Punkten. Die Punkte stellen die Anzahl der Blöcke pro Monat da. Modelliert seit der Entstehung des Bitcoins bis zum hypothetischen Preisverlauf Mitte des Jahres 2020.

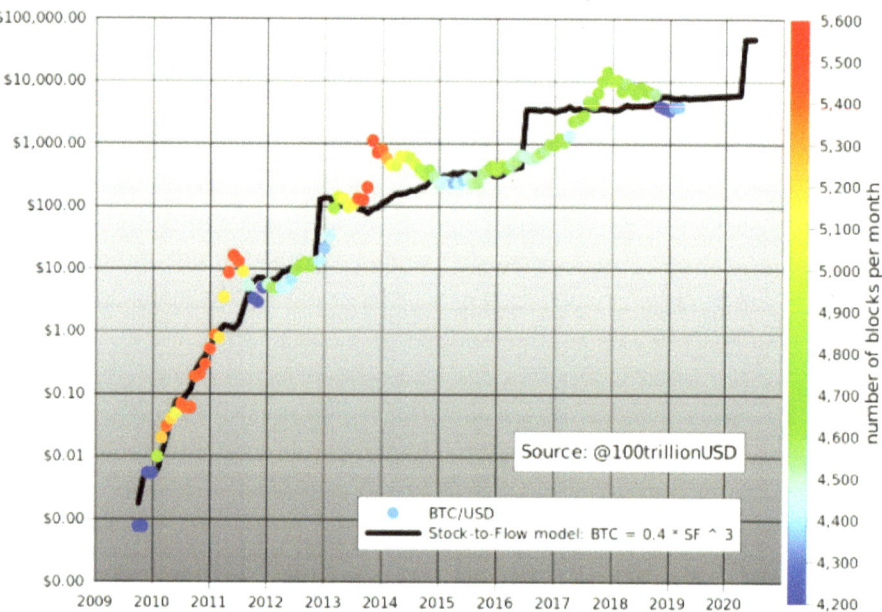

Abbildung 4: Bitcoin and Number of Blocks per Month (Plan B, 2019)

Um die Knappheit und den daraus resultierenden Wert des Bitcoins ökonomisch dazustellen, hilft die Abbildung 5 einer Angebot- und Nachfragekurve.

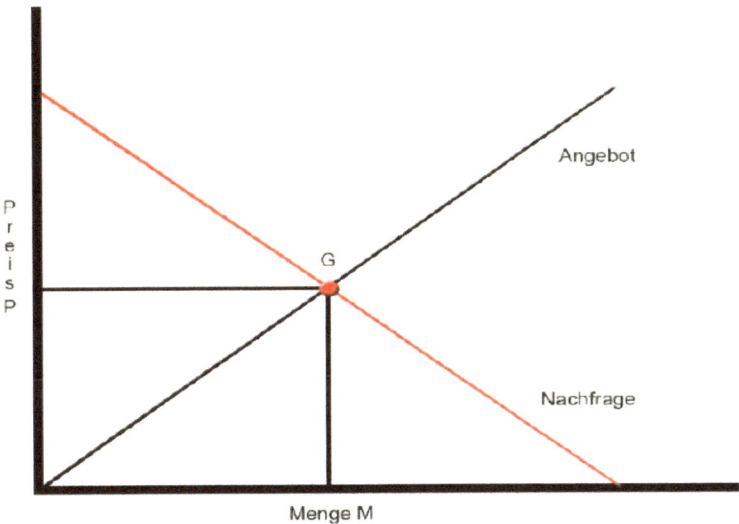

Abbildung 5: Angebot und Nachfrage (o.V., 2006)

Das Angebot setzt sich aus dem erwerbbaren Bestand der Märkte zusammen. Die Preisentwicklung der Märkte unterliegt somit den grundsätzlichen Kräften des Angebots und der Nachfrage.
Der Gleichgewichtspreis ist der Preis, an dem sich Angebotskurve und Nachfragekurve kreuzen.
Dieser wird in der Abbildung als Punkt G dargestellt. Käufer sind gezwungen einen höheren Preis
für den Bitcoin zu zahlen, wenn die Nachfrage größer als die vorhandene Menge ist. Daraus re-
sultierend, würde sich die Nachfragekurve parallel nach oben rechts verschieben. Umgekehrt
verhält es sich, wenn nur eine geringere Nachfrage vorliegt. Um einen Käufer zu finden, muss
der Verkäufer den Verkaufspreis senken.

5 Empirischer Teil

5.1 Methodisches Vorgehen

Im fünften Kapitel dieser Arbeit wird wie in Abschnitt 1.2 beschrieben untersucht, ob sich der Bitcoin zum wertvollsten Vermögenswert der Welt entwickeln wird. Es soll überprüft werden, ob das Stock-to-Flow Model, tatsächlich wie von Plan B behauptet, korrekt modelliert ist oder durch weitere Variablen wie die Geldmenge (M2) und die Geldumlaufgeschwindigkeit (M2V) in den USA, ergänzt werden kann. Der Grund weshalb die Variablen ausschließlich in US-Dollar herangezogen werden, ist auf die Krypto-Börsen der Welt zurückzuführen (Binanace, 2022). Bei genauerer Betrachtung der Krypto-Börsen wird sichtbar, dass das häufigste Tauschpaar, der US-Dollar zu Bitcoin ist. Mit diesem Ergebnis könnten weitere zusätzliche Zusammenhänge aufgezeigt werden. Ein erweitertes Stock-to-Flow Model soll einen anderen hypothetischen Preisverlauf des Bitcoins darstellen.

Für die folgenden Berechnungen werden die Datensätze von *coinmetrics.io* und *fred.stlouisfed.org* herangezogen. Als Berechnungstool und zur Erstellung der Modelle dieser Arbeit wurde Microsoft Excel genutzt. Für die Daten der Geldmenge (M2) und der Geldumlaufgeschwindigkeit (M2V) liegt eine zeitliche Eingrenzung vom 01.01.2010 bis zum 01.10.2021 vor. Dabei wurden die Daten der Geldmenge in einer wöchentlichen Frequenz erhoben und jene der Geldumlaufgeschwindigkeit in einer quartalsweisen Frequenz. Die benötigten Preis- und Bestandsdaten des Bitcoins wurden für den identischen Zeitraum herangezogen. Um diese Daten mit M2 und M2V zu weiterer Modellierung zu vereinen, wurde sich näherungsweise an einem Quartal-Rhythmus orientiert. Dieser beläuft sich exakt auf den Zeitraum vom 01.10.2010 bis zum 01.10.2021.

Für die Berechnung des Stock-to-Flow Model werden die Daten der täglichen Preise des Bitcoins sowie die täglichen Bestände (Stock) herangezogen. Um den Zuwachs (Flow) zu berechnen, liegt folgende Formel vor.

$$Flow(heute) = Stock(heute) - Stock(vor\ 365\ Tagen)$$

Mit den Flow Werten und den Daten der Bestände, kann die Stock to Flow Ratio bestimmt werden. Die Formel dazu lautet.

$$S2F = \frac{Flow}{Stock}$$

Um einen exponentiellen Zusammenhang zu verdeutlichen, wird im weiteren Verlauf der Arbeit eine Potenzregression durchgeführt, welche durch folgende Formel dargestellt wird.

$$\ln(BTC\ price) = 3{,}1292 \times \ln(S2F) - 1{,}4146$$

Wie stark der Zusammenhang tatsächlich ist, wird mit dem Wert R^2 ermittelt. R^2 ist ein statistisches Maß dafür, wie stark die Daten korreliert sind. Dabei zeigt R^2 immer Werte von 0 bis 100 % an. Je höher der R^2 Wert, desto besser ist das Modell an die Daten angepasst.

Um die obenstehende Formel zu erhalten, muss der Logarithmus der Daten S2F und BTC price gebildet werden. Anschließend stellt man diese als Punktdiagramm gegenüber und berechnet dann die lineare Regression für die ln-Werte. Das Punktdiagramm „Stock-to-Flow Model: Potenzregression" wird in Abschnitt 5.2 dargestellt.

Zur finalen Modellierung und besseren Darstellung des Stock-to-Flow Model muss die Potenzregression mithilfe der Logarithmusregeln umgeschrieben werden, was folgendes Ergebnis liefert.

$$BTC\ price = exp(-1{,}4146) \times S2F^{3{,}1292}$$

Der Nachteil des Stock-to-Flow Model ist, dass die Einheiten der oben genannten Gleichung nicht auf beiden Seiten übereinstimmen. Auf der linken Seite ist die Einheit US-Dollar zu sehen, auf der rechten Seite jedoch eine Potenz der Einheit Jahre.

Ziel dieser Arbeit ist es, eine dimensionskorrekte Variante darzustellen, in der die Variablen der Geldmenge (M2) und Geldumlaufgeschwindigkeit (M2V) einbezogen werden. In diesem Fall sollen die Einheiten der Gleichung aus dem erweiterten Modell auf beiden Seiten übereinstimmen.

Das Ergebnis des erweiterten Modells wird im nächsten Kapitel dargestellt. Um dieses Ergebnis zu erzielen, wird zunächst folgende funktionale Beziehung angenommen.

$$BTC\ price = f(Stock, Flow, M2, M2V)$$

Die Funktion f kann ermittelt werden, indem man die Größen $\frac{BTC\ price}{M2}$ und $S2F \times M2V$ gegeneinander aufträgt und anschließend eine Potenzregression durchführt. Durch folgende Formel ist das Modell dimensionskorrekt, da auf beiden Seiten ein Ausdruck steht, der keine Einheit hat.

$$\frac{BTC\ price}{M2} = f(S2F \times M2V)$$

Zuletzt sollen der tatsächliche Preisverlauf des Bitcoins dem Stock-to-Flow Model und einem erweiterten Stock-to-Flow Model graphisch gegenübergestellt werden.

5.2 Ergebnisse

Um den Zusammenhang zwischen der Stock to Flow Ratio und dem Bitcoin Preis zu verdeutlichen, wurde eine Potenzregression durchgeführt. Dazu wurden die Logarithmen des Bitcoin Preises (BTC price) und der Stock to Flow Ratio (S2F) erfasst, gegeneinander aufgetragen und mittels eines Punktdiagramms dargestellt. Die Regressionsgerade wurde durch Excel erzeugt.

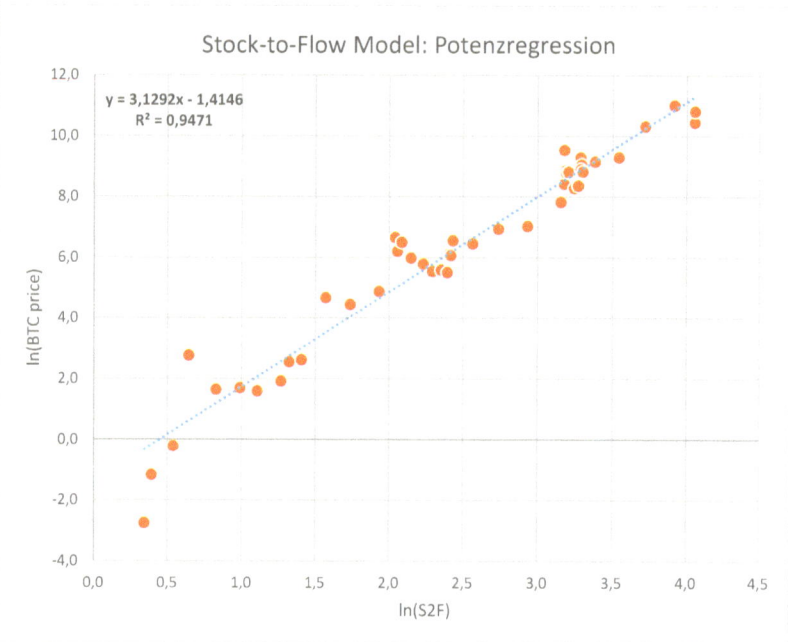

Abbildung 6: Stock-to-Flow Model: Potenzregression

Das Ergebnis kann, wie schon in Kapitel 5.1 beschrieben, durch folgende Funktion dargestellt werden.

$$\ln(BTC\ price) = 3{,}1292 \times \ln(S2F) - 1{,}4146$$

In dem Diagramm sehen wir einen statistisch signifikanten Zusammenhang zwischen der Stock to Flow Ratio (SF2) und dem Bitcoin Preis. Es weist einen R^2 Wert von 94,71 % auf.

Abbildung 7 (M2) zeigt, dass in den Jahren von 2010 bis 2019 der Zuwachs der Geldmenge stetig zugenommen hat. Ab Anfang des Jahres 2020 wird eine erhebliche Zuwachssteigerung der Geldmenge angezeigt. Vergleicht man den Zeitpunkt 24.02.2020 mit dem vom 27.12.2021 so ist ein Wachstum von 42,51 % zu vermerken.

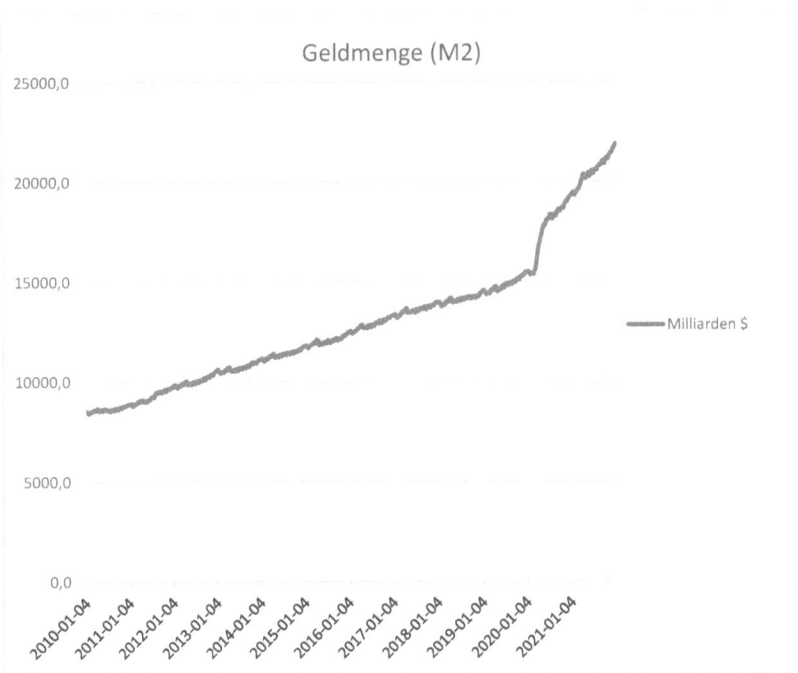

Abbildung 7: Geldmenge (M2)

Die Geldumlaufgeschwindigkeit (M2V) wird in Abbildung 8 verdeutlicht. Der Graph zeigt auf, wie häufig ein Dollar innerhalb eines Jahres mehrfach umgesetzt wird. In der Mikroökonomik kann die Geldumlaufgeschwindigkeit auch durch folgende Formel bestimmt werden.

$$V = Umsatz \div Geldmenge \div Zeit$$

Der Graph zeigt, dass Ende des Jahres 2019 ein dramatischer Rückgang der Geldumlaufgeschwindigkeit wahrzunehmen ist. Im Jahre 2010 wurde ein Dollar noch ca. 1,75-mal pro Jahr umgesetzt. Im Januar 2020 beträgt der Wert von M2V nur noch 1,1. Ein Dollar wurde somit nur noch 1,1-mal pro Jahr umgesetzt.

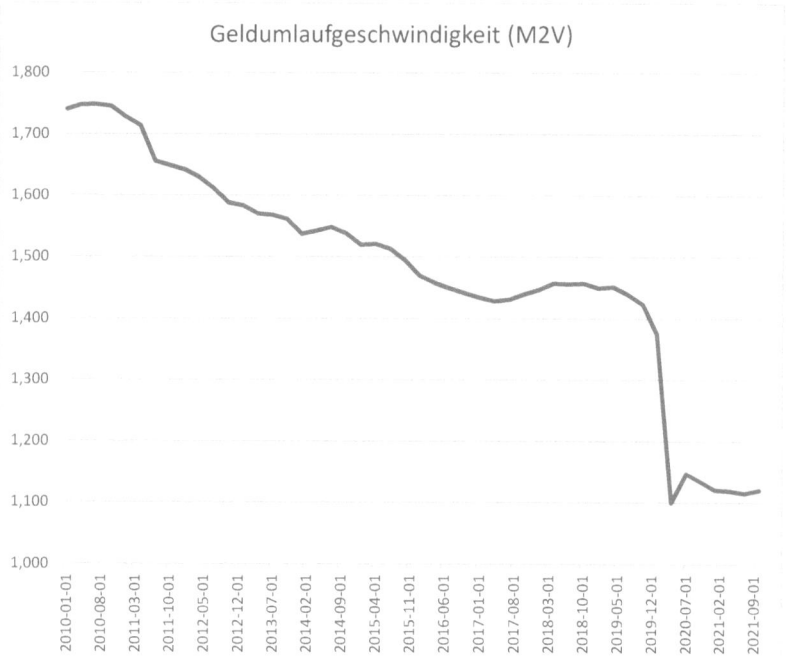

Abbildung 8: Geldumlaufgeschwindigkeit (M2V)

Nachdem das Stock-to-Flow Model, die Geldmenge (M2) und die Geldumlaufgeschwindigkeit (M2V) näher analysiert wurden, sollen nun die Variablen M2 und M2V mit in das Stock-to-Flow Model einbezogen werden. Dazu wird sich an der vereinfachten Formulierung

$$\frac{BTC\ price}{M2} = f(S2F \times M2V)$$

orientiert (siehe auch Abschnitt 5.1).

Die Funktion f kann ermittelt werden, in dem man die Daten der Größen $\frac{BTC\ price}{M2}$ und $S2F \times M2V$ gegeneinander aufträgt und wie zu Beginn dieses Kapitels eine multiple lineare Potenzregression durchführt. Auch hier müssen zur Erstellung eines Punktdiagramms die Logarithmen der Variablen erfasst werden. Folgende Abbildung stellt das Punktdiagramm mit der entsprechenden Regressionsgerade dar.

Es existiert ebenfalls ein starker Zusammenhang unter Erweiterung der Variablen M2 und M2V. Das Ergebnis zeigt einen R^2 Wert von 93,89 % auf. Dies entspricht einem um 0,82 Prozentpunkte geringeren Zusammenhang im Vergleich zu der Gegenüberstellung des Bitcoin Preis und der Stock to Flow Ratio.

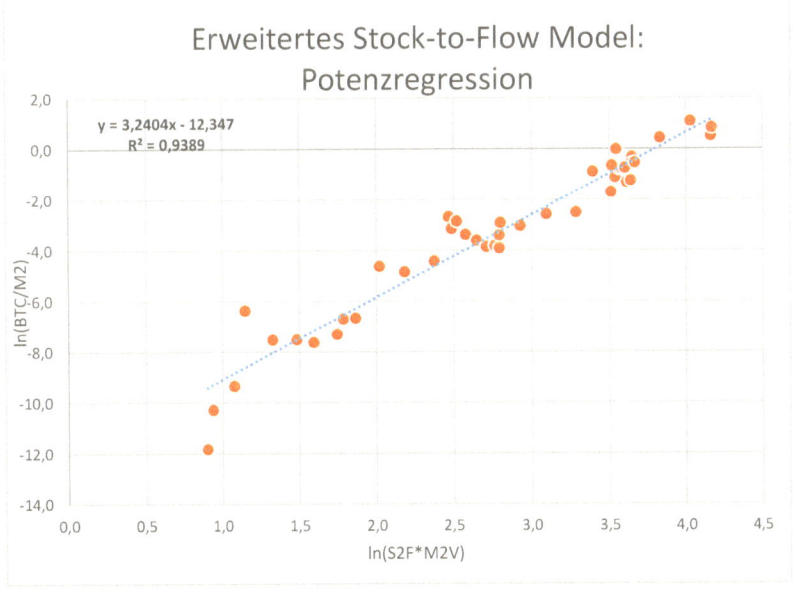

Abbildung 9: Erweitertes Stock-to-Flow Model: Potenzregression

Das Ergebnis kann in folgender Funktion dargestellt werden.

$$\ln\left(\frac{BTC\ price}{M2}\right) = 3{,}2404 \times \ln(S2F \times M2V) - 12{,}347$$

Um die beiden Ansätze des ursprünglichen Stock-to-Flow Model und der Erweiterung des Modells durch die Variablen der Geldmenge (M2) und der Geldumlaufgeschwindigkeit (M2V) noch einmal deutlich darzustellen, werden beide Modelle dem tatsächlichen Verlauf des Bitcoin Preises graphisch gegenübergestellt. Dazu muss die Potenzregression beider Ansätze mithilfe der Logarithmusregeln umgeschrieben werden. Für das ursprüngliche Stock-to-Flow Modell ergibt sich, wie schon in Abschnitt 5.1 genannt, die Formel

$$BTC\ price = exp(-1{,}4146) \times S2F^{3{,}1292}.$$

Für das erweiterte Stock-to-Flow Model ergibt sich nach Anwendung der Logarithmusregeln die Formel

$$BTC\ price = M2 \times exp(-12{,}347) \times S2F \times M2V^{3{,}2404}.$$

Abbildung 10 zeigt die Gegenüberstellung des Bitcoin Preises und die hypothetischen Preisverläufe des Bitcoins nach dem Stock-to-Flow Model und der Erweiterung des Modells durch die Variablen M2 und M2V.

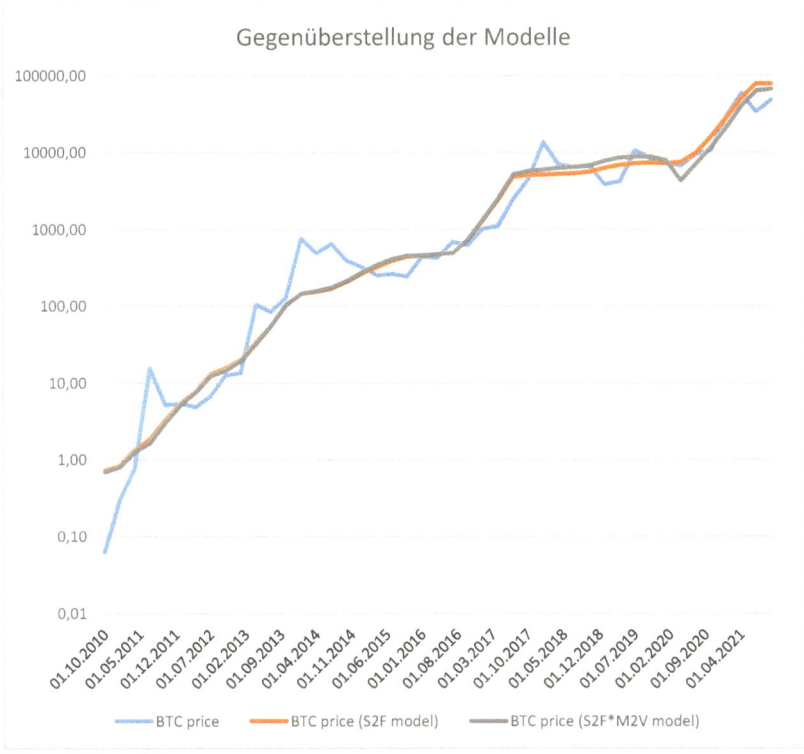

Abbildung 10: Gegenüberstellung der Modelle

Die Gegenüberstellung der Modelle wird in dem Zeitraum vom 01.01.2010 bis zum 01.10.2021 angezeigt. Der Bitcoin Preis wird in US-Dollar dargestellt. Der blaue Graph zeigt den tatsächlichen Verlauf des Bitcoin Preis auf. Der hypothetische Preisverlauf des Bitcoins nach dem Stock-to-Flow Model, wird in dem orangenen Graphen gezeigt. Das erweiterte Stock-to-Flow Model der Variablen M2 und M2V wird mit dem grauen Graphen dargestellt.

Bei Betrachtung des gesamten Zeitraums stechen zwei Datenpunkte der Modellvergleiche besonders heraus. Es ist hierbei jedoch die Unterscheidung, der absoluten- und relativen Differenz zu betrachten. Dies ist in der folgenden Abbildung 11 sichtbar.

Date	BTC price (S2F model)	BTC price (S2F*M2V model)	Absolute Differenz	Relative Differenz
01.04.2020	$ 7.400,78	$ 4.325,00	$ 3.075,78	-41,56%
01.07.2021	$ 78.292,23	$ 63.754,45	$ 14.537,77	-18,57%

Abbildung 11: Absolute- und Relative Differenz

Zusammengefasst kann gesagt werden, dass der 01.07.2021 die höchste absolute Differenz und der 01.04.2020 die höchste relative Differenz aufweist. Aufgrund dieser Kennzahlen wird sichtbar, dass die Erweiterung um die Variablen M2 und M2V einen signifikanten Einfluss auf den zu erwarteten Preis des Bitcoins haben, da die Abweichung der relativen Differenzen zueinander hoch ist.

5.3   Diskussion

Um das ursprüngliche Stock-to Flow Model zu validieren, wurde eine Potenzregression durchgeführt. Durch das in Abbildung 6 dargestellte Punktdiagramm konnten wir einen statistisch signifikanten Zusammenhang zwischen der Stock to Flow Ratio (SF2) und dem Bitcoin Preis darstellen. Dieser Zusammenhang konnte mit einem R^2 Wert von 94,71 % spezifiziert werden. Dies bedeutet, dass die Wahrscheinlichkeit eines Zusammenhangs zwischen der Stock to Flow Ratio (SF2) und dem Bitcoin Preis sehr hoch ist. Dies bestätigt die These von Plan B, dass sich der Bitcoin Preis an den Beständen und Zuwächsen des Bitcoins stark orientiert.

Um uns einem erweiterten Stock-to-Flow Model zu nähern, haben wir in Abbildung 7 den Anstieg der Geldmenge in den USA betrachtet. Wir stellten einen eheblichen Anstieg ab Anfang des Jahres 2020 fest. Dies ist darauf zurückzuführen, dass eine deutlich höhere Menge US-Dollars „gedruckt" worden sind. Dabei kann die Annahme getroffen werden, dass dies zu einer steigenden Inflation beiträgt. Zudem stellten wir in Abbildung 8 fest, dass die Geldumlaufgeschwindigkeit (M2V) Ende des Jahres 2019 einen signifikanten Rückgang zu verzeichnen hatte. Im Jahre 2010 wurde ein Dollar noch ca. 1,75-mal pro Jahr umgesetzt. Im Januar 2020 hingegen nur noch

1,1-mal pro Jahr. Damit kann die Aussage getroffen werden, dass trotz steigender Geldmenge weniger Geld umgesetzt worden ist. Zudem könnte man die These aufstellen, dass dies der Inflation entgegenwirken sollte. Eine mögliche Ursache des starken Rückgangs der Geldumlaufgeschwindigkeit, könnten die COVID-19 Maßnahmen in den USA sein. Dies kann im Rahmen dieser Arbeit jedoch nicht bestätigt werden.

Anschließend wurde das Stock-to-Flow Model um die Variablen M2 und M2V erweitert und in Abbildung 9 als Punktdiagramm dargestellt. Das Ergebnis konnte in folgender Funktion dargestellt werden.

$$\ln\left(\frac{BTC\ price}{M2}\right) = 3{,}2404\ \times \ln(S2F \times M2V) - 12{,}347$$

In diesem Fall wies der R^2 Wert 93,89 % auf. Was einem um 0,82 Prozentpunkte geringeren Zusammenhang im Vergleich zu der Gegenüberstellung des Bitcoin Preis und der Stock to Flow Ratio darstellte. Durch die erweiterte Gleichung konnte eine dimensionskorrekte Variante dargestellt werden, in dem die Variablen Geldmenge (M2) und Geldumlaufgeschwindigkeit (M2V) einbezogen wurden. Dabei stimmen die Einheiten auf beiden Seiten der Gleichung überein und es kann die Aussage getroffen werden, dass dies mathematisch korrekter ist. Dadurch ist das erweiterte Stock-to-Flow Model dimensional richtig.

Zuletzt stellten wir den tatsächlichen Verlauf des Bitcoin Preises mit dem Stock-to-Flow Model und dem erweiterten Modell gegenüber. Desweiteren stellten wir die zwei Modelle zueinander. Aufgrund der Datensätze wurde sichtbar, dass der Preis des Bitcoins der durch die Modelle errechnet worden ist, signifikante Unterschiede aufgewiesen hat. Dieser Unterschied wurde durch die Hinzunahme der Variablen Geldmenge (M2) und Geldumlaufgeschwindigkeit (M2V) festgestellt. Bei Betrachtung der vorherigen Potenzregression, müsste der Entschluss gefasst werden, dass das Stock-to-Flow Model den Bitcoin Preis besser bestimmt als das erweiterte Stock-to-Flow Model. Hierbei muss jedoch erwähnt werden, dass einige Restriktionen auf Grund der Geldumlaufgeschwindigkeit (M2V) getroffen werden mussten. Da die Geldumlaufgeschwindigkeitsdaten nur in einer quartalsweisen Frequenz erhoben wurden, konnten nicht alle täglichen Daten der Bitcoin Preise hinzugenommen werden. Neben dem Zeitraum von nur 10 Jahren wurden auf Grund der Frequenz der Geldumlaufgeschwindigkeit (M2V) 45 Datensätze herangezogen. Daraus lässt sich ableiten, dass eine definitive Aussage über die Güte des jeweiligen Modells nicht getroffen werden kann. Die Lösung wäre, eine höhere Frequenz der Daten der Geldumlaufgeschwindigkeit (M2V) heranzuziehen. Des Weiteren wäre es zu empfehlen, diese empirische Analyse nochmals in 5 bis 10 Jahren durchzuführen. Abschließend sollte in Betracht gezogen werden, dass Stock-to-Flow Model mit weiteren Variablen zu erweitern:

- Rohstoffe (Öl)
- Edelmetalle (Gold, Silber)
- Indizes (Dow Jones, S&P 500)
- Zinsen für langfristige Staatsanleihen
- Leitzins

Anhand der Auflistung der potenziellen Variablen, wird die Komplexität der hypothetischen Preisentwicklung des Bitcoins deutlich.

6 Fazit und Ausblick

Das Ziel der Arbeit lag darin die Frage, ob sich der Bitcoin zum wertvollsten Vermögenswert der Welt entwickelt, zu beantworten. Dazu wurde der Bitcoin grundlegend in seiner Komplexität, Kerncharakteristiken und seiner historischen Entwicklung analysiert. Zudem wurden Parallelen der aktuellen Nutzerzahlen im Vergleich zu denen des Internets eingeordnet. Es konnte festgestellt werden, dass der Bitcoin sich noch in einer Art Frühstadium befindet, jedoch die Akzeptanz von privaten Investoren wie auch Unternehmen, durch die einmaligen Eigenschaften des Bitcoins, stetig wächst. Es wurde verdeutlicht, weshalb sich der Bitcoin von einem Zahlungsmittel distanziert und zu einem Vermögenswert, wie beispielsweise Gold, heranwächst. Dabei wurden die wertvollsten Vermögenswerte der Welt nach ihrer Marktkapitalisierung verglichen und aufgezeigt, dass sich der Bitcoin aktuell auf Platz 10 befindet. Im Anschluss dessen wurden die Einflussfaktoren des Bitcoins analysiert. Dazu betrachteten wir den intrinsischen Wert des Bitcoins sowie externe Einflüsse. Es konnte dargelegt werden, dass der Bitcoin ähnliche intrinsische Werte wie Gold aufweist. Die externen Einflüsse sind geprägt durch das Handeln von Nationen und Debatten rund um den Bitcoin. Den nachweislich stärksten Einfluss auf den Bitcoin wies das Stock-to-Flow Model auf. Es konnte nachgewiesen werden, dass der Wert des Bitcoins sich an den Beständen und Zuwächsen am stärksten orientiert und somit der Preis durch Angebot und Nachfrage zusammensetzt. Dies wurde im empirischen Teil dieser Arbeit validiert und bestätigt. Darüber hinaus wurde das Stock-to-Flow Model um die Variablen Geldmenge (M2) und Geldumlaufgeschwindigkeit (M2V) erweitert. Dies führte zu einer dimensional vereinheitlichten Darstellung des Stock-to-Flow Model. In der Gegenüberstellung beider Modelle konnte aufgezeigt werden, dass das ursprüngliche Stock-to-Flow Model den Preis des Bitcoins besser bestimmt. Hierbei muss jedoch erwähnt werden, dass eine eindeutige Aussage über die Güte beider Modelle nicht getroffen werden konnte. Verantwortlich dafür sind die Restriktionen der Daten und weitere potenzielle Variablen, die das erweiterte Stock-to-Flow Model umfassender darstellen könnte. Jedoch kann die Aussage getroffen werden, dass das Stock-to-Flow Model einen signifikanten Zusammenhang zwischen den Beständen und Zuwächsen aufweist. Gemäß dem hypothetischen Preisverlauf des Modells, wird der Bitcoin im Jahre 2025 einen Wert von über 500.000 US-Dollar erreichen und somit zum wertvollsten Vermögenswert der Welt rangieren (Glassnode, 2010). Somit kann die Forschungsfrage der Arbeit bestätigt werden. Allerdings ist ebenfalls zu erwähnen, dass die externen Einflüsse auf den Bitcoin zukünftig an Relevanz gewinnen könnten, sodass das Stock-to-Flow Model sich nicht mehr zur hypothetischen Preisentwicklung des Bitcoins eignet. Abschließend stellt sich die Frage, ob die externen Einflüsse den Preis des Bitcoins in Zukunft negativ oder positiv beeinflussen werden.

Literaturverzeichnis

Abate, T. (1996, 19. April). *Clipping from The Signal.* Newspapers.Com. Abgerufen am 2. Januar 2022, von https://www.newspapers.com/clip/78863144/the-signal/

Afshar, V. (2021, 12. Mai). *MicroStrategy CEO: Bitcoin is the most powerful and disruptive technology of our lifetime.* ZDNet. Abgerufen am 20. Dezember 2021, von https://www.zdnet.com/article/microstrategy-ceo-bitcoin-is-the-most-powerful-and-disruptive-technology-of-our-lifetime/

All_Things_Btc. (2021). *Stock-to-Flow Model mimeo.* Twitter. https://twitter.com

Ammous, S. (2019). *Der Bitcoin-Standard: Die dezentrale Alternative zum Zentralbankensystem* (1. Aufl.). Aprycot Media.

ARD. (2021, 24. Juni). *Kurswechsel bei Tesla: Umweltsünder Bitcoin.* tagesschau.de. Abgerufen am 20. Januar 2022, von https://www.tagesschau.de/wirtschaft/technologie/bitcoin-mining-umwelt-energie-strom-101.html

Baur, D. G., Hong, K. & Lee, A. D. (2018). Bitcoin: Medium of exchange or speculative assets? *Journal of International Financial Markets, Institutions and Money, 54,* 177–189. https://doi.org/10.1016/j.intfin.2017.12.004

BBC News. (2020, 9. Oktober). *Iran sanctions: US moves to isolate „major" banks.* Abgerufen am 29. Dezember 2021, von https://www.bbc.com/news/world-middle-east-54476894

Berger, T., Chen, C. & Frey, C. B. (2018). Drivers of disruption? Estimating the Uber effect. *European Economic Review, 110,* 197–210. https://doi.org/10.1016/j.euroecorev.2018.05.006

Binance - Cryptocurrency Exchange. (2022). *Binance | Cryptocurrency Exchange.* Binance. Abgerufen am 28. Januar 2022, von https://www.binance.com/en

BitcoinWiki, A. (2020, 26. November). *What is Bitcoin? Price in USD, Mining, Bitcoin wallet – BitcoinWiki.* Bitcoinwiki. Abgerufen am 26. Dezember 2021, von https://en.bitcoin-wiki.org/wiki/Bitcoin

Bouoiyour, J., Selmi, R., Tiwari, A. K. & Olayeni, O. R. (2016, 2. Februar). *What drives Bitcoin price?* Economic Literature. Abgerufen am 2. Januar 2022, von https://ideas.repec.org/a/ebl/ecbull/eb-16-00311.html

Bunea, D. (2016). *EconStor: Profit distribution and loss coverage rules for central banks.* European Central Bank (ECB), Frankfurt a. M. Abgerufen am 28. Dezember 2021, von https://www.econstor.eu/handle/10419/154622

Chaum, D. (1992). Achieving Electronic Privacy. *Scientific American*, *267*(2), 96–101. https://doi.org/10.1038/scientificamerican0892-96

Coin Metrics, C. (o. D.). *Bitcoin.* Coin Metrics. Abgerufen am 30. Januar 2022, von https://coin-metrics.io/tools/

CoinGecko. (o. D.). *Bitcoin (BTC) Kurs, Marktkapitalisierung, Chart und Informationen.* Abgerufen am 2. Januar 2022, von https://www.coingecko.com/de/munze/bitcoin

Cooper, B. S. & Leeuwen, V. J. (2013). *Alan Turing: His Work and Impact* (Illustrated Aufl.). Elsevier Science.

Daian, P. (2019, 11. Februar). *A short history of Uniswap.* Uniswap Protocol. Abgerufen am 20. Dezember 2021, von https://uniswap.org/blog/uniswap-history

Dentacoin. (2020, 1. Januar). *Dentacoin: The Blockchain Solution for the Global Dental Industry.* Dentacoin Foundation. Abgerufen am 20. Dezember 2021, von https://dentacoin.com/

Diedrich, H. (2016). *Ethereum: Blockchains, Digital Assets, Smart Contracts, Decentralized Autonomous Organizations* (1. Aufl.). CreateSpace Independent Publishing Platform.

Felkircher, M. (2014, 1. Mai). *The determinants of vulnerability to the global financial crisis 2008 to 2009: Credit growth and other sources of risk.* ScienceDirect. Abgerufen am 28. Dezember 2021, von https://www.sciencedirect.com/science/article/abs/pii/S0261560613001770

FRED. (o. D.). *FRED Economic Data.* M2 & M2V. Abgerufen am 22. Dezember 2021, von https://fred.stlouisfed.org/series/WM2NS

Fridgen, G., Guggenberger, N., Hoeren, T., Prinz, W. & Urbach, N. (2019). *Chancen und Herausforderungen von DLT (Blockchain) in Mobilität und Logistik - FIS@fra-uas - Frankfurt University of Applied Sciences.* Frankfurt University of Applied Sciences. Abgerufen am 23. Dezember 2021, von https://fra-uas.hessenfis.de/converis/portal/detail/Publication/11878060?auxfun=&lang=de_DE

Gigi, G. (2020). *21 Lektionen: Meine Reise in den Bitcoin Kaninchenbau*. Independently Published.

Glasnode. (2010, 2. Januar). *Bitcoin: Stock-to-Flow Ratio.* Glassnode Studio - On-Chain Market Intelligence. Abgerufen am 22. Januar 2022, von https://studio.glassnode.com/metrics?a=BTC&category=Ratios&m=indicators.StockToFlowRatio

Goldreporter. (2019, 16. Januar). *Asteroiden-Bergbau: Kommt Gold bald aus dem All?* Abgerufen am 30. Dezember 2021, von https://www.goldreporter.de/asteroiden-bergbau-kommt-gold-bald-aus-dem-all/gold/80407/

Heilpern, L. (2021). *Undressing Bitcoin: A Revealing Guide To The World's Most Revolutionary Asset*. Independently published.

Henriques, I. & Sadorsky, P. (2018). Can Bitcoin Replace Gold in an Investment Portfolio? *Journal of Risk and Financial Management*, *11*(3), 48. https://doi.org/10.3390/jrfm11030048

Ho, K. (2020, 7. Juli). *Hong Kong security law: Police handed power to do warrantless searches, freeze assets, intercept comms, control internet*. Hong Kong Free Press HKFP. Abgerufen am 29. Dezember 2021, von https://hongkongfp.com/2020/07/06/breaking-hong-kong-security-law-police-handed-power-to-do-warrantless-searches-freeze-assets-intercept-comms-control-internet/

Hong, K. (2016). Bitcoin as an alternative investment vehicle. *Information Technology and Management*, *18*(4), 265–275. https://doi.org/10.1007/s10799-016-0264-6

Hosp, J. (2019). *BLOCKCHAIN 2.0 simply explained: Far more than just Bitcoin*. Independently published.

Investopedia. (2021, 26. Februar). *Intrinsic Value*. Abgerufen am 30. Dezember 2021, von https://www.investopedia.com/terms/i/intrinsicvalue.asp

Jarvis, C. (2020). *Crypto Wars: The Fight for Privacy in the Digital Age: A Political History of Digital Encryption*. CRC Press.

Kho, K., Loo, C., Lee, S. W., Teh, S. J. & Ong, B. (2021). *How to Bitcoin*. Independently published.

Kotzinger, S. & Rippl, G. (1994). *Zeichen zwischen Klartext und Arabeske: Konferenz des Konstanzer Graduiertenkollegs (Theorie der Literatur). Veranstaltet im Oktober 1992 . . . Vergleichenden Literaturwissenschaft, Band 7)* (Illustrated Aufl.). Editions Rodopi.

Kristoufek, L. (2013). BitCoin meets Google Trends and Wikipedia: Quantifying the relationship between phenomena of the Internet era. *Scientific Reports, 3*(1). https://doi.org/10.1038/srep03415

KuroGuo, B. (2010). *bitcoin/COPYING at master · bitcoin/bitcoin*. GitHub. Abgerufen am 30. Dezember 2021, von https://github.com/bitcoin/bitcoin/blob/master/COPYING

Lopp, J. (2021, 9. September). *Who Controls Bitcoin Core?* Cypherpunk Cogitations. Abgerufen am 30. Dezember 2021, von https://blog.lopp.net/who-controls-bitcoin-core-/

Mattke, J., Maier, C., Reis, L. & Weitzel, T. (2020). Bitcoin investment: a mixed methods study of investment motivations. *European Journal of Information Systems, 30*(3), 261–285. https://doi.org/10.1080/0960085x.2020.1787109

McCook, H. (2021, 10. August). *Bitcoin's Energy Use Compared To Other Major Industries*. Bitcoin Magazine: Bitcoin News, Articles, Charts, and Guides. Abgerufen am 5. Januar 2022, von https://bitcoinmagazine.com/business/bitcoin-energy-use-compare-industry

MILC. (2021, 1. Januar). *MILC – Media Industry Licensing Content – Welt der Wunder TV is creating a completely new blockchain-managed license, trading and sales platform for high-quality video content, for the international broadcasting, VOD and online video publishing sectors*. Media Industry Licensing. Abgerufen am 20. Dezember 2021, von https://www.milc.global/

Nakamoto, S. (2009, 25. Januar). *Emails | Satoshi Nakamoto Institute*. Satoshi Nakamoto Institute. Abgerufen am 28. Dezember 2021, von https://satoshi.nakamotoinstitute.org/emails/cryptography/

Nakamoto, S. (2008). *Bitcoin P2P e-cash paper | Satoshi Nakamoto Institute*. Satoshi Nakamoto Institute. Abgerufen am 30. Dezember 2021, von https://satoshi.nakamotoinstitute.org/

Öko-Institut, Ö.-I. (2012, 1. September). *EcoTopTen*. © EcoTopTen. Abgerufen am 4. Januar 2021, von https://www.ecotopten.de/

Opensource. (2020). *What is open source?* Opensource.Com. Abgerufen am 30. Dezember 2021, von https://opensource.com/resources/what-open-source

O.V. (2006, 7. November). *Gütermarkt.* Wikipedia. Abgerufen am 22. Dezember 2022, von https://de.wikipedia.org/wiki/G%C3%BCtermarkt

PayPal. (2018, 18. August). *PayPal Account Limitations: what they are and what you can do about them.* Abgerufen am 29. Dezember 2021, von https://www.paypal.com/us/brc/article/understanding-account-limitations

Plan B, P. B. (2019, 22. März). *Modeling Bitcoin Value with Scarcity.* Medium. Abgerufen am 22. Januar 2022, von https://medium.com/@100trillionUSD/modeling-bitcoins-value-with-scarcity-91fa0fc03e25

Platon. (2020, 24. November). *Peter Schiff explained, why Bitcoin is no match for gold.* Platon Life. Abgerufen am 30. Dezember 2021, von https://platonlife.com/blog/peter-schiff-explained-bitcoin-no-match-gold/

Polleit. (2017, 20. Dezember). *Die Blockchain-Disruption: Geld, Bitcoin und digitalisiertes Goldgeld.* Ludwig von Mises Institut. Abgerufen am 20. Dezember 2021, von https://www.misesde.org/2017/12/die-blockchain-disruption-geld-bitcoin-und-digitalisiertes-goldgeld/

Qureshi, H. (2020, 11. Januar). *Satoshi Nakamoto.* NAKAMOTO. Abgerufen am 28. Dezember 2021, von https://nakamoto.com/satoshi-nakamoto/

Roche, C. O. (2011, 30. März). *Hyperinflation - It's More than Just a Monetary Phenomenon.* SSRN. Abgerufen am 28. Dezember 2021, von https://papers.ssrn.com/sol3/papers.cfm?abstract_id=1799102

Rooney, K. (2021, 24. Januar). *Overall bitcoin-related crime fell last year, but one type of crypto hack is booming.* CNBC. Abgerufen am 21. Dezember 2021, von https://www.cnbc.com/2021/01/24/overall-bitcoin-related-crime-fell-last-year-but-one-type-of-crypto-hack-is-booming.html

Sandner, P., Welpe, I. & Tumasjan, A. (2020). *Die Zukunft ist dezentral: Wie die Blockchain Unternehmen und den Finanzsektor auf den Kopf stellen wird.* (1. Aufl.). BoD – Books on Demand.

Satoshi Nakamoto. (2021). Bitcoin Whitepaper. *Interventions.* https://doi.org/10.21428/9610ddb2.a6a2490c

Scheider, D. (2021a, Mai 12). *Wie bullish ist 2021? Bitcoins Halving-Zyklen geben Aufschluss.* BTC-ECHO. Abgerufen am 31. Dezember 2021, von https://www.btc-echo.de/news/wie-bullish-ist-2021-bitcoins-halving-zyklen-geben-aufschluss-118607/

Scheider, D. (2021b, Dezember 3). *BTC-ECHO in El Salvador: So funktioniert Bitcoin-Vulkan-Mining.* BTC-ECHO. Abgerufen am 22. Januar 2022, von https://www.btc-echo.de/news/btc-echo-in-el-salvador-so-funktioniert-bitcoin-vulkan-mining-129566/

Schmidt, R., Möhring, M., Glück, D., Haerting, R., Keller, B. & Reichstein, C. (2016). Benefits from Using Bitcoin. *International Journal of Service Science, Management, Engineering, and Technology, 7*(4), 48–62. https://doi.org/10.4018/ijssmet.2016100104

Schneider, D. (2013). „*Investition, Finanzierung und Besteuerung*" (6. Aufl. 1990 Aufl.). Springer.

Shahzad, S. J. H., Bouri, E., Roubaud, D., Kristoufek, L. & Lucey, B. (2019). Is Bitcoin a better safe-haven investment than gold and commodities? *International Review of Financial Analysis, 63,* 322–330. https://doi.org/10.1016/j.irfa.2019.01.002

Staff, M. F. (2016, 16. November). *Intrinsic Value Explained.* The Motley Fool. Abgerufen am 31. Dezember 2021, von https://www.fool.com/investing/value/2005/04/18/intrinsic-value-explained.aspx

Statista. (2021, 3. Dezember). *Anzahl der Internetnutzer weltweit bis 2021.* Abgerufen am 23. Dezember 2021, von https://de.statista.com/statistik/daten/studie/805920/umfrage/anzahl-der-internetnutzer-weltweit/#:%7E:text=Die%20Zahl%20der%20Internetnutzer%20weltweit,rund%202%2C73%20Milliarden%20gestiegen

Szabo, N. (2008, 28. August). *Antiques, time, gold, and bit gold.* Unenumerated. Abgerufen am 24. Januar 2022, von https://unenumerated.blogspot.com/2005/10/antiques-time-gold-and-bit-gold.html?source=post_page--------------------------

Top Assets by Market Cap. (o. D.). Top Assets by Market Cap. Abgerufen am 20. Dezember 2021, von https://companiesmarketcap.com/assets-by-market-cap/

Umweltbundesamt. (2022, 17. Januar). *Stromverbrauch*. Abgerufen am 20. Januar 2022, von https://www.umweltbundesamt.de/daten/energie/stromverbrauch

Was ist ein Stablecoin? (2021, 1. Januar). Coinbase. Abgerufen am 17. Dezember 2021, von https://www.coinbase.com/de/learn/crypto-basics/what-is-a-stablecoin#:%7E:text=Ein%20Stablecoin%20ist%20eine%20digitale,Dollar%20oder%20Gold%20gekoppelt%20ist.&text=Stablecoins%20%C3%BCbernehmen%20eine%20Br%C3%BCckenfunktion%20zwischen,Dollar%20oder%20Gold%20gekoppelt%20ist.

Wechner, M. (2014, 3. März). *FUD - Fear Uncertainty Doubt* [Video]. YouTube. https://www.youtube.com/watch?v=TUjsc8LwDqQ

Whittemore, N. (2022, 3. Januar). *13 Years On, the Meaning of 'Chancellor on the Brink of Second Bailout for Banks'*. Coindesk. Abgerufen am 22. Januar 2022, von https://www.coindesk.com/podcasts/the-breakdown-with-nlw/13-years-on-the-meaning-of-chancellor-on-the-brink-of-second-bailout-for-banks/

Wittenberg, S. (2020). *Blockchain für Unternehmen: Anwendungsfälle und Geschäftsmodelle für die Praxis* (1. Auflage 2019 Aufl.). Schäffer-Poeschel.

Wright, T. (2021, 24. September). *Crypto has recovered from China's FUD over a dozen times in the last 12 years*. Cointelegraph. Abgerufen am 2. Januar 2022, von https://cointelegraph.com/news/crypto-has-recovered-from-china-s-fud-nearly-two-dozen-times-in-the-last-12-years

Youn, H., Strumsky, D., Bettencourt, L. M. A. & Lobo, J. (2015). Invention as a combinatorial process: evidence from US patents. *Journal of The Royal Society Interface*, *12*(106). https://doi.org/10.1098/rsif.2015.0272

Zahratu Shabrina, Elsa Arcaute, Michael Batty. (2019). Airbnb's disruption of the housing structure in London. *Centre for Advanced Spatial Analysis*, 1–8. https://arxiv.org/pdf/1903.11205.pdf

Zimmerman, M. J. & Bradley, B. (2019, 9. Januar). *Intrinsic vs. Extrinsic Value (Stanford Encyclopedia of Philosophy)*. Stanford Encyclopedia of Philosophy. Abgerufen am 30. Dezember 2021, von https://plato.stanford.edu/entries/value-intrinsic-extrinsic/

BEI GRIN MACHT SICH IHR WISSEN BEZAHLT

- Wir veröffentlichen Ihre Hausarbeit, Bachelor- und Masterarbeit

- Ihr eigenes eBook und Buch - weltweit in allen wichtigen Shops

- Verdienen Sie an jedem Verkauf

Jetzt bei www.GRIN.com hochladen und kostenlos publizieren